Karatetechnik

Chuck Norris

Meine Karatetechnik

Erfolgreich in Angriff und Abwehr

Übersetzt von
Dr. Till Louis Schreiber
und
Maurice Schreiber

FALKEN

Im FALKEN Verlag sind zahlreiche Bücher zu den asiatischen Kampfsportarten erschienen. Bitte fragen Sie Ihren Buchhändler.

Widmung

Meiner Frau Dianne, die in guten wie in schlechten Zeiten immer zu mir gestanden hat.

Danksagung

Ich möchte den vielen Schwarzgurten danken, die mit mir trainiert und mir geholfen haben, ein System zu entwickeln, das viele für unübertroffen halten.
Mein besonderer Dank gilt Pat Johnson, Bob Wall und meinem Bruder Aaron.

Die Deutsche Bibliothek – CIP-Einheitsaufnahme

Norris, Chuck:
Meine Karatetechnik : erfolgreich in Angriff und Abwehr / Chuck Norris. Übers. von Till Louis Schreiber und Maurice Schreiber. – Niedernhausen/Ts. : FALKEN, 1994
(FALKEN Sport)
Einheitssacht.: Winning tournament karate <dt.>
ISBN 3-8068-1460-0

ISBN 3 8068 1460 0

Übersetzung aus dem Englischen: Dr. Till Louis Schreiber und Maurice Schreiber, Meerbusch

Umschlaggestaltung: Peter Udo Pinzer
Redaktion: Jürgen Knöppler
Herstellung: Harald Kraft
Titelbild: Keystone Pressedienst/Ursula Röhnert, Hamburg

Satz: FROMM Verlagsservice GmbH, Idstein
Druck: Chemnitzer Verlag und Druck GmbH

817 2635 4453 6271

Inhalt

Über den Autor

Als Chuck Norris vor vielen Jahren in Korea begann, Tang Soo Do zu lernen, ahnte er noch nicht, daß es sein Leben so entscheidend beeinflussen würde. Seitdem hat er sein Karate in der Lehre, im Wettkampf, im Fernsehen und im Film verwirklicht und ist zu einer der anerkanntesten Persönlichkeiten in der Welt der Kampfkünste geworden.

Sein erster größerer Wettkampfsieg, die nationalen Winterwettkämpfe 1965 in San José in Kalifornien, war der Ausgangspunkt für eine Serie von Siegen, die seinen Namen auf der Liste der besten Wettkampfteilnehmer unserer Zeit festgeschrieben haben. Darunter finden sich die Titel der großen internationalen Wettkämpfe in Long Beach und der großen gesamtamerikanischen Wettkämpfe von New York, beide in zwei aufeinanderfolgenden Jahren (1967 und 1968).

Er gewann auch den nationalen Wettkampf der Meister in Washington, D.C., und den Dreikronentitel für seine vielen Siege bei großen Wettkämpfen. Vom „Black Belt Magazine“ wurde er 1969 zum Kämpfer des Jahres gekürt. Seine größte Leistung war jedoch 1968 der Gewinn des Welttitels der Berufskämpfer im Mittelgewicht im Madison Square Garden.
Als er sich als Kämpfer bewährt hatte, wurde Chuck Norris Lehrer und trainierte eine Wettkampfmannschaft, die in 29 Kämpfen ungeschlagen blieb. Jetzt ist er Berater des neuen nationalen Karateverbandes.
Chuck betrachtet sich heute als Lehrer, aber er hat im Laufe seiner Karriere auch auf anderen Gebieten gearbeitet. So gab er 1968 sein Filmdebut in „The Wrecking Crew“ (mit Dean Martin). Seitdem wirkte er in „Return of the Dragon“ (mit Bruce Lee) und in „Yellow Face Tiger“ mit. Im Fernsehen war er in der „Flip Wilson Show“, in der „Johnny Carson Show", in der „Mike Douglas Show", in der „Merv Griffin Show“ und in „To Tell the Truth“ zu sehen.
Am Rande sei angemerkt, daß die ganze Familie Norris in dieser Kampfkunst aktiv ist. So haben beispielsweise die beiden Söhne von Chuck und seiner Frau Dianne, Mike und Eric, Titel in ihren entsprechenden Kategorien gewonnen.
„Wenn Sie körperlich, geistig und seelisch vorbereitet sind, werden Sie gewinnen“, sagt Chuck Norris. „Dies ist die Philosophie, die meine Schüler zu guten Schülern macht – dies ist die Philosophie, die meine Kämpfer zu großen Kämpfern macht – und dies ist die Philosophie, nach der ich immer gelebt habe.“

Vorwort

von John Robertson

Jemand hat einmal behauptet, daß ein guter Straßenkämpfer jeden Karatewettkampfmeister besiegen könne. Wie es jedoch bei den meisten Verallgemeinerungen der Fall ist, trifft auch diese Behauptung nicht zu. Selbstverständlich wissen wir von Karatekämpfern, die von ganz gewöhnlichen Straßenkämpfern besiegt wurden. Dennoch ist die Aussage, alle Wettkampfmeister könnten von einem Straßenkämpfer besiegt werden, weit übertrieben. Die Regeln, die in Karatewettkämpfen gelten, sind auf Kräftemessung hin ausgerichtet, so daß ein Wettkampfteilnehmer den anderen nicht gleich kaltblütig fertigmacht. Aufgrund dieser Wettkampfregeln geschieht es leider jedoch oft, daß ein Kämpfer einen an sich überlegenen Gegner sozusagen „wie mit einer kraftlosen Fliegenklatsche" besiegt. Denn wenn er einmal nach Punkten führt, so braucht er seinem Gegner für die restliche Kampfzeit nur noch auszuweichen.
Solche Teilnehmer verschaffen dem Wettkampfkarate einen schlechten Ruf, aber sie werden angesichts der größeren Anzahl von sportbegeisterten und ehrlichen jungen Wettkämpfern wohl oder übel in Kauf genommen.
Deshalb und dieser jungen Leute wegen habe ich mich bereit erklärt, an diesem Buch mitzuarbeiten, dessen Sinn es unter anderem ist, die Zwiespältigkeit des modernen amerikanischen Karate aufzuzeigen.

Wir haben versucht, den Karatesport inmitten einer völlig modernen und fremden Umgebung nach den alten Gesetzen auszuüben – aber das hätten wir nicht tun sollen.
Der Karatesport und die alte Karatekunst sind zwar gleichen Ursprungs, aber von unterschiedlicher Ausprägung. Mit anderen Worten: Ein Wettkampfmeister sollte nicht nur nach der Meisterschaft in den Formen (Katas) streben, sondern auch nach Meisterschaft in der Beherrschung der Kraft und folglich seiner Gegner.
Es ist deshalb das Ziel dieses Buches, Ihnen den kürzesten und effektivsten Weg zur Erringung einer Wettkampftrophäe aufzuzeigen. Ich verspreche nicht, daß es dasselbe ist, was in einigen Karateschulen gelehrt wird, aber das, was in offiziellen Karateschulen erlernt wird, wird Sie auf dieses Programm vorbereiten, wenn Sie bereit sind, sich zu ändern und zu gewinnen.
Ich habe seit 1964 bei Chuck Norris gelernt und nicht nur seine Entwicklung bis hin zum Gewinn der Weltmeisterschaft miterlebt, sondern auch wie er zum Begründer eines echten amerikanisierten Karate wurde. Es ist für eine außergewöhnliche Person sicher nicht schwierig, auf bestimmten Gebieten mit einem gewissen Aufwand an Arbeit und Konzentration zu einem Meister zu werden. Doch wenn diese Person gewöhnlichen jungen Menschen so sein Wissen weitervermitteln kann, daß sie selbst zu Meisterehren kommen, dann kann man von ihr sagen, daß sie ihren Karrierehöhepunkt erreicht hat.
Bei der Beobachtung des Phänomens Chuck Norris über Jahre hinweg wurde ich als Psychologe wie als Karatekämpfer stark von einer Vielzahl von Eigenschaften, die ihn von anderen abheben, beeindruckt.

Auswahl aus verschiedenen Kampfstilen

Nachdem er intensiv die koreanische Kunst des Tang Soo Do erlernt hatte, scheute er sich nicht, sich von ihr wieder zu distanzieren und sie für Freikampfbedingungen umzugestalten. Er ist auf seinem Weg zum Karate wahrlich vielseitig, übte zunächst hauptsächlich japanische Stile aus und wurde dann in Schnelligkeit und Reaktionsfähigkeit zusehends amerikanischer.

Übertragung auf amerikanische Verhältnisse

Chuck Norris ist sehr stolz auf das Tang Soo Do und hat großen Respekt vor ihm, aber er würde dieser Kunst einen schlechten Dienst erweisen, wenn er sich weigerte, sie unseren besonderen (nationalen) Gegebenheiten anzupassen. Er hat die Dynamik betont und einen feinfühligeren Ausgleich zwischen ihren offensiven und defensiven Bewegungen erreicht.

Kombination von Hand- und Fußtechniken

In den meisten Karatestilen herrschen entweder Hand- oder Fußtechniken in ihrer klassischen Ausprägung vor. Chuck erkannte schnell den enormen Vorteil einer gleichgewichtigen Benutzung von Händen und Füßen als „Waffen". Dieser neue Weg beseitigte die Vorhersehbarkeit der Bewegungen, die sich einseitig nur auf Hand- oder Fußtechniken stützende Kämpfer allzusehr einengte. Der Vorrat an „Waffen" stieg von zwei auf vier an.

Wissensvermittlung

Ich war immer fasziniert, wie Chuck Norris durchschnittliche Schüler so trainieren konnte, daß sie große Fortschritte in allen Formen des Wettkampfkarate erzielten. Die Siege häuften sich sehr schnell, und heute ist unser Gewinn- und Verlust-Verhältnis in großen Meisterschaften im Vergleich zu allen anderen Karateschulen in den USA unübertroffen. Bei Erscheinen dieses Buches hatten unsere Schwarzgurt-Teams ohne einen Verlust über achtzigmal bei der Schwarzgurt-Weltmeisterschaft gesiegt.

Der obengenannten Eigenschaften wegen haben wir uns entschlossen, ein Buch zu erarbeiten, das dem Durchschnittsschüler im Karate unsere Erkenntnisse und Formeln für die Erreichung eines Gewinnerprofils nahebringt. Wir wissen, daß es realisierbare Prinzipien sind, weil sie immer wieder von in Wettkämpfen erfolgreichen Schülern im ganzen Land befolgt wurden.

Ein Wort der Vorsicht ist jedoch geboten. Es gibt nichts Geheimnisvolles in diesem Buch. Sie können nicht mit ihm unter dem Kopfkissen schlafen oder es zerkleinern, es mit Milch und Zucker essen und dann erwarten, von ihm zu profitieren. Ebenso sinnlos wäre ein einfaches Lesen der Seiten. Dieses Buch wurde ausschließlich als Handlungsanleitung geschrieben. Sie müssen den Inhalt dieses Buches auf der Trainingsmatte in die Praxis umsetzen, bis Ihre Geschwindigkeit blitzartig geworden ist und sich Ihre Bewegungen reflexartig vollziehen.

Ausstrahlung

Wer einmal das Vergnügen hatte, Chuck Norris kennenzulernen, wird zugeben, daß er eine ungeheure Ausstrahlung besitzt. Er ist freundlich und umgänglich, aber zugleich von hohem Kampfgeist. Nie ist er mit dem Vorsatz auf die Matte gegangen, nur ein guter Verlierer zu sein.

Selbstvertrauen

Ohne dem zu verfallen, was man gemeinhin ein übertriebenes Selbstbewußtsein nennt, gilt Chuck Norris als ein Mensch von ausgeprägtem Selbstvertrauen. Als seine Siegesformel einmal festgelegt war, gab es für ihn nur eines: Gewinner zu sein. Da ist dieses ruhige Sicherheitsgefühl in ihm, ganze Arbeit geleistet zu haben und deshalb die höchste Anerkennung zu verdienen. Einmal merkte er an, er habe niemals einen Kampf verloren, und als er meinen ungläubigen Blick sah (denn er hatte sehr wohl Kämpfe verloren und wäre der letzte, der dies nicht zugeben würde), wies er lachend auf den eigentlichen Sinn dieses Satzes hin. „Ein Mann verliert nur dann einen Kampf", sagte er, „wenn er über seine Niederlage nachgrübelt. Aber wenn Sie aus Ihrer Niederlage lernen, wird sie zu einem großen Sieg und stellt Sie auf der Leiter des Erfolges eine Sprosse höher. Ich nenne das nicht ‚verlieren'."

Vorstellungskraft

Vor einem Wettkampf saß ich mit Chuck zusammen und bemerkte, daß er von einem inneren Kampf in Anspruch genommen wurde; in Gedanken stellte er sich den Kampf mit seinem kommenden Gegner bildlich vor. Auf diese Weise bereitete sich Chuck in wenigen kurzen Minuten auf alle möglichen Abwehr- und Angriffstechniken vor, die er gegen seinen Gegner anwenden würde – ein deutlicher Vorteil. Chuck erzählte mir oft, daß er gegen seinen Gegner mit denselben Techniken Punkte erzielt hatte, mit denen er den Gegner Minuten zuvor in seiner Vorstellung geschlagen hatte.
Wissenschaftliche Daten beweisen, daß der Geist diese Vorstellungsbilder als guten Ersatz benutzen kann, wenn eine aktuelle Erfahrung nicht möglich ist. Mit dem richtigen Grad an Konzentration ist dieses Sparring in der Vorstellung das einzig Mögliche, um sich unmittelbar vor dem Wettkampf vorzubereiten.

Wie man den Text studieren sollte

(A) Korrekte Reihenfolge. Bevor Sie dieses Buch konzentriert durcharbeiten, lesen Sie es erst einmal ganz durch. Dies vermittelt Ihnen einen Gesamtüberblick und eine Vorstellung von der Richtung, in die Sie gehen sowie den Grund, warum Sie dorthin gehen. Danach beginnen Sie mit der detaillierten Durcharbeitung. Dabei ist es wichtig, daß Sie alles in der richtigen (chronologischen) Reihenfolge erlernen. Dies bewahrt Sie davor, schlechte Formen zu entwickeln und in der Praxis einzuschleifen. Zudem werden so Lücken im Lernprozeß vermieden. Es gibt viele Aspekte im Karate, aber alle gehören zu mindestens einem der folgenden drei Grundelemente: **Technik, Kraft und Schnelligkeit.**

(B) Technik. Wir sind von der absoluten Notwendigkeit überzeugt, daß ein Schüler genau lernen sollte, wie eine Technik auszuführen ist, wobei wir großen Wert darauf legen, daß er nicht vorher Kraft oder Geschwindigkeit entwickeln darf, bevor er die Bewegung nicht korrekt beherrscht. Man sollte niemals eine unkorrekte Bewegung machen, ohne sie nicht unmittelbar danach in einem zweiten Versuch zu korrigieren. Eines der größten Probleme im Karateunterricht beruht auf dem Wunsch eines jeden, den schwarzen Gurt zu bekommen. Der Anfänger ist so stark auf einen Dan fixiert, daß er nicht die Zeit findet, einfache Weißgurttechniken zu erlernen.

Da die wahre Kraft nicht von den Muskeln herrührt, sondern von der Technik, sollte klar sein, daß diese Phase nicht begonnen werden kann, bevor Ihre Form in einer bestimmten Technik nicht perfekt ist. Dasselbe kann man von der Schnelligkeit sagen. Jede Schule hat ihre „Hampelmänner“, die schwache, effektlose Fauststöße in die Luft schwingen. Sie sind die besten Beispiele für das, was geschieht, wenn nicht zuerst die Technik vervollkomment wird oder es versäumt wird, die Dinge in der gebotenen Ordnung auszuüben.

Bei der Einübung der Technik beginnen Sie in Zeitlupe und wiederholen die Technik, bis Sie die Bewegung perfekt beherrschen. Dieser sehr wichtige Punkt wird eingehender in dem nachfolgenden Abschnitt „Abgestufte Schnelligkeitsübungen“ behandelt.

(C) Vorgehen bei der Lektüre. Wie schon zuvor erwähnt, sollten Sie sich beim ersten Lesen einen allgemeinen Überblick über die Inhalte dieses Buches verschaffen. Hiernach sollten Sie es in langsamerem Tempo noch einmal lesen, und schließlich mit der intensiven Lektüre beginnen. Machen Sie dabei wie folgt von diesen Lesetechniken Gebrauch:

- **Erste Lektüre**
- **Wiederholte Lektüre**

1. Versuchen Sie, den groben Inhalt jedes Kapitels im Gedächtnis zu behalten.
2. Notieren Sie sich alle Überschriften, hervorgehobenen Wörter und Schlüsselbegriffe, die Bilder eingeschlossen.
3. Bringen Sie die Bilder mit den Begriffen in Verbindung.
4. Unterstreichen Sie alle Schlüsselbegriffe mit einem Bleistift, und schreiben Sie ruhig Ihre eigenen Kommentare an den Rand.

- **Intensive Lektüre**

Jetzt ist der Zeitpunkt gekommen, an dem Sie eingehend lernen sollten. Sie müssen sicher sein, daß Sie jeden Punkt genau verstanden haben, bevor Sie zum nächsten übergehen. Scheuen Sie sich nicht davor, dabei aufzustehen und die Techniken in Zeitlupe auszuführen.

(D) Durchführung der Übungen. Die Übungsabschnitte werden in zwei Teilen dargeboten: Geistige und körperliche Übungen. Es ist leicht für einen Schüler, die geistigen Übungen zu vernachlässigen, was aber grundlegend falsch wäre. Was Sie mit Ihrem Geist nicht tun können, können Sie mit Ihrem Körper sicherlich auch nicht vollbringen. Vollziehen Sie die folgenden abgestuften Schnelligkeitsübungen zuerst im Geiste, dann erst mit dem Körper.

Abgestufte Schnelligkeitsübungen

Jede Technik in diesem Text sollte nach einer „abgestuften Schnelligkeit" ausgeübt werden, was Ihnen erlaubt, eine perfekte Form zu erlernen und zu behalten, solange Sie Kraft und Geschwindigkeit langsam, aber sicher erlangt haben. Sie sollten nicht von einer Geschwindigkeitsstufe zur anderen übergehen, solange die Form der Technik in der bisherigen Geschwindigkeitsstufe nicht vollkommen ist.

(A) Zeitlupe. Jede Technik sollte zuerst in einer „traumartigen" Zeitlupe ausgeübt werden. Lesen Sie die Beschreibungen, bringen Sie sie mit den Bildern in Verbindung, und vollziehen Sie die Technik so langsam wie möglich, damit Sie sicher sind, daß Sie sie so korrekt ausführen, wie sie vorgegeben ist. Erst wenn Sie eine Technik vollkommen beherrschen, können Sie zur nächsten Geschwindigkeitsstufe übergehen.

(B) Halbe Geschwindigkeit. Der Übergang zu dieser Geschwindigkeitsstufe ist in Bezug auf Rhythmus, Zielgenauigkeit, Gleichgewicht und alle anderen Phasen der Karatetechnik nicht leicht. Es ist immer noch eine ziemlich langsame Bewegung, aber sie sollte wesentlich glatter sein, ohne auch nur etwas an Perfektion in der Technik zu opfern. Achten Sie darauf, daß Sie Ihre Geschwindigkeit nicht zu hoch ansetzen, denn die Bewegung sollte hier immer noch ziemlich langsam sein. Spannen Sie auch Ihre Muskeln am Ende jeder Bewegung straff an, damit Sie das Gefühl der Kraft bekommen.

(C) Volle Geschwindigkeit. Nachdem Sie mit der perfekten Form, die Sie bei der halben Geschwindigkeit erreicht haben, zufrieden sind, führen Sie dieselbe Form in der für Sie höchsterreichbaren Geschwindigkeit aus. An diesem Punkt neigt man im allgemeinen dazu, nachlässig zu werden.
Sie sollten deshalb besonders auf Ihre Form achten und sicher sein, daß sie dieser hohen Geschwindigkeit nicht geopfert wird. Seien Sie nicht entmutigt, wenn die Form Ihnen bei dieser Geschwindigkeit zu entgleiten scheint, denn sie wird nach eingehender Übung und Konzentration sicherlich zurückkehren. Seien Sie geduldig und üben Sie. Beenden Sie ein Training nicht, ohne die Technik zehn Mal fehlerlos hintereinander ausgeführt zu haben.
(D) Mit voller Kraft. Die „Vollkraft“ verfolgt zwei Ziele. Zunächst trainiert sie Sie gut und erhöht Ihr Durchhaltevermögen. Dann fördert sie ihre Fähigkeit zur Schnelligkeit und entwickelt sie zu neuen und größeren Dimensionen weiter. Die „Vollkraft“ fordert Sie auf, Geschwindigkeiten zu erreichen, die Sie bislang nicht gekannt haben. Sie ist eine Übung mit offenem Ende, die das ständige Erreichen von immer höheren Geschwindigkeiten betont. Wie immer ist es sehr wichtig, daß Sie eine perfekte Form beibehalten, auch wenn einige Techniken der Schnelligkeit geopfert werden sollten. Wenden Sie die Übung korrekt an, und Sie werden Leistungen jenseits Ihrer bisherigen Möglichkeiten erbringen. Wenn Sie sie jedoch unkorrekt ausführen, wird Ihre Technik zerstört.
(E) Gemischte Geschwindigkeiten. Nachdem Sie Ihre Geschwindigkeit in der „Vollkraft“ verbessert haben, meinen wir, daß die Mischung von Geschwindigkeiten oft eine gute Übung zur Kontrolle des Rhythmus, des Gleichgewichts und der Form ist. Beginnen Sie die längeren Techniken in Zeitlupe, und gehen Sie von einer Geschwindigkeitsstufe zur anderen über: Viertelgeschwindigkeit, halbe Geschwindigkeit, volle Geschwindigkeit und „Vollkraft“ in der Durchführung ein und derselben Technik. Bemühen Sie sich ständig um perfektes Gleichgewicht, Rhythmus und Form bei der Ausführung all dieser Übungen, und Sie werden sehen, wie sich Ihre Technik verbessert.

Der Countdown zum Beginn

5 Lesen Sie das Buch ausführlich, um sicher zu sein, daß Sie mit den Inhalten vertraut sind!
4 Finden Sie einen Platz, an dem Sie nicht gestört werden.
3 Stellen Sie sich bequem hin!
2 Stellen Sie sich geistig auf Konzentration und Lernerfahrung ein!
1 Nehmen Sie die Bereitschaftsstellung ein (grundlegende Kampfstellung ohne Einschrittvorstellung).
0 Üben, korrigieren, üben, und Sie werden bald ein Meister!

Einführung

Dieses Buch ist so konzipiert, daß es Ihnen die Basis liefert, auf der ein Wettkampfmeisterschaftsstil aufgebaut werden kann. Die Lehrmethode berücksichtigt Ihre Individualität und ist darauf ausgerichtet, Ihnen zu helfen, das Basiswissen Ihren persönlichen Voraussetzungen anzupassen.

Das Buch wurde in einzelne Abschnitte eingeteilt: Zuerst zeigt es Ihnen, wie man es studieren sollte, und konzentriert sich dann auf die Techniken, wie Training, Angriffsarten und technische Vervollkommnung. Das Buch muß als Ganzes durchgearbeitet werden. Es nützt Ihnen nichts, wenn Sie es nur oberflächlich lesen oder gar nur das eine oder andere herauspicken. Es ist wie eine Kette, bei der jedes Glied von der Kraft des vorherigen Gliedes abhängt.

Angriffsarten

Die Bewegungen in diesem Abschnitt vermitteln Ihnen eine Vorstellung, wie man eine Eingangstechnik ausführt und wie man mit einem Gegner umgeht, der darauf spezialisiert ist, etwas Unerwartetes zu tun. Der Schlüssel zum Erfolg ist hier ständiges Üben und eine konstante Wiederholung, die Ihr Timing verbessert und, was noch wichtiger ist, Ihre Angriffe reflexartig werden läßt. Wenn Sie korrekt geübt haben, brauchen Sie während eines Kampfes nicht nachzudenken, sondern nur zu agieren und zu reagieren.
Eines der wichtigsten Momente in einem Wettkampf ist die Eingangstechnik. Sie kann eine Finte sein (eine List, die den Gegner glauben läßt, man greife an) oder ein richtiger Angriff. Wenn Sie eine Finte anwenden, erfahren Sie im allgemeinen viel über Ihren Gegner, ob er ein Typ ist, der zum Rückzug, zum Gegenangriff oder zum Abwarten neigt. Die Finte kann auch dazu benutzt werden, den Angriff Ihres Gegners herauszufordern, dessen Timing genauso wichtig ist wie die Finte. Wenn diese Maßnahmen korrekt eingesetzt werden, bekommt Ihr Angriff ein neues Profil, und Sie erringen in Ihren Wettkämpfen einen wesentlich höheren Punktedurchschnitt.

Die Eingangstechnik

Eines der schwierigsten Dinge im Karatefreikampf ist, die Verteidigung des Gegners mit Ihren Angriffen zu durchbrechen. Deshalb sollten Sie Ihre Eingangstechnik benutzen, um eine Reaktion des Gegners hervorzurufen und dann gegen diese zu kontern. Die Reaktion Ihres Gegners bestimmt im allgemeinen Ihre eigene Angriffsweise. Andere Faktoren spielen jedoch ebenfalls eine Rolle. Einer dieser Faktoren ist Ihr persönliches Aggressionsniveau. Eine eher passive Persönlichkeit wird im allgemeinen zögern, anzugreifen. Eine sehr aggressive Persönlichkeit hat ein anderes Problem: Überaggressive Kämpfer werden oft wegen unnötiger Rohheit oder Mangel an Selbstkontrolle disqualifiziert.

Ein weiterer Faktor, der in Ihrer Eingangstechnik berücksichtigt werden muß, ist die Persönlichkeit Ihres Gegners. Neigt er eher dazu, zurückzuweichen oder zum Angriff überzugehen? Um herauszufinden, was für ein Kämpfertyp er ist, sollten Sie Ihren eigenen Angriff verändern. Auch wenn Sie zum Beispiel einen Gegner mit einer Reihe von guten Kombinationen angreifen, können Sie – wenn Sie nicht aufpassen – aus dem Ring gefegt werden. Benutzen Sie einen ähnlichen Angriff bei einem zurückweichenden Gegner, so kann sich dieser schon zur Hälfte außerhalb des Ringes befinden, wenn Ihr Fußstoß mitten in der Luft ist. Der wichtigste Punkt ist zu wissen, was Ihr Gegner tun wird, wenn Sie angreifen, und zwar bevor Sie angreifen.

Eingangstechnik Nr. 1

Abb. 1: Kampfstellung.

Abb. 2: Verlagern Sie Ihr Körpergewicht auf Ihr vorderes Bein (in diesem Fall das linke), und täuschen Sie einen linken Fauststoß zum Kopf des Gegners vor. Die Reaktion Ihres Gegners wird Ihnen einen guten Einblick in seinen Kampfstil geben. Diese erste Technik ist, genau betrachtet, eine Finte und kein echter Angriff. Achten Sie jedoch darauf, daß die Finte überzeugend wirkt und deshalb auf denselben Bewegungen aufgebaut sein muß, die Sie bei einem echten Angriff anwenden würden.

1

2

1

2

3

4

Eingangstechnik Nr. 2

Abb. 1: Kampfstellung; linker Fuß vorne.

Abb. 2: Verlagern Sie Ihr Gewicht auf das vordere Bein, und täuschen Sie einen linken Fauststoß zum Kopf des Gegners vor.

Abb. 3: Räumen Sie Ihrem Gegner den Bruchteil einer Sekunde ein, um auf Ihre Finte zu reagieren.

Abb. 4: Machen Sie mit Ihrem hinteren Bein einen Satz nach vorne, und führen Sie einen rechten geraden Fauststoß zu den Rippen aus.
Dieses Vorgehen nutzt die Verteidigung des Gegners gegen Ihre Finte aus und ist andererseits zu schnell für ihn, um seine Richtung ändern und laufen zu können.

Den Abstand schließen

Die wichtigste Phase bei der Eröffnungstechnik ist, den Abstand zu schließen, der Sie von Ihrem Gegner trennt. Es ist in der Tat eine vollkommene Kunst, die den guten Kämpfer vom mittelmäßigen unterscheidet. Wenn Ihr Gegner der Kämpfertyp ist, der stur stehenbleibt und nicht bei jeder Ihrer Bewegungen zurückweicht, helfen Ihnen gewisse, den Abstand schließende Bewegungen, die Punkte zu erreichen, die Sie sich am Anfang des Wettkampfes erhofften. Ist Ihr Gegner ein Typ, der zurückweicht, so können Sie zwei Dinge tun: entweder mit einem Angriff eröffnen, der aus der Distanz erfolgt, oder den Gegner kommen lassen und ihn, wenn er angreift, mit einer Serie von Konterangriffen eindecken. Seien Sie vorsichtig, und lassen Sie sich nicht von einem Gegner in die Irre führen, der es vorzieht, einen weiten Abstand zu Ihnen zu halten, denn ein guter Kämpfer kann auch aus größerer Distanz wirkungsvoll angreifen.

Ideal wäre es, wenn Sie sowohl Angriffe aus der Distanz als auch aus einer Bewegung heraus sowie Konter trainieren würden.

Einer der effektivsten Wege, um den Abstand zwischen Ihnen und Ihrem Gegner zu schließen, ist, ständig in Bewegung zu sein. Wer eine starre Haltung wie ein Fels einnimmt, kann niemanden besiegen, auch wenn er sich dann doch noch entschließt, nach vorne zu gehen. Wie Pat Johnson einmal sagte, haben Angriffe aus einer solchen festen Stellung heraus den Charakter einer Wand, die sich überraschend bewegt. Um Ihren Gegner mit Ihren Angriffen aus dem Ring zu werfen, müssen Sie in ständiger Bewegung sein! Sie müssen locker sein, mit dem Gewicht auf den Fußballen und bereit, in jede Richtung zu blokken, zu schlagen und zu kontern. Dies aber soll nicht heißen, daß Sie quer durch den Ring laufen sollen. Beschränken Sie Ihre ständige Bewegung auf die Sprungkraft eines Boxers, auf Schritte zur Seite, nach hinten und nach vorne, und halten Sie Ihren Gegner ständig auf Distanz.

Wenn Sie dann letztendlich den Abstand schließen, tun Sie es nie, ohne ein Angriffsmanöver zu unternehmen oder zumindest zu planen.

1

2

3

4

Klassische Schließtechnik

Abb. 1: Kampfstellung; linker Fuß vorne, die Fäuste sind auf mittlerer Höhe.

Abb. 2: Verlagern Sie Ihr Körpergewicht hauptsächlich auf das vordere Bein, und halten Sie Ihre Hände in der ursprünglichen Position.

Abb. 3 und 4: Gehen Sie schnell mit Ihrem hinteren Bein vorwärts, nehmen Sie die Kampfstellung mit dem rechten Fuß vorne ein, und führen Sie gleichzeitig einen rechten geraden Faustстoß aus.
Dieser klassische Fauststoß aus dem Vorwärtsschritt – auch wenn er für Zielgenauigkeit und Kraft gut ist – läßt Sie in einem Wettkampf ungedeckt und dem Gegner ausgeliefert.
Auch wenn Sie die Abstände nicht mit zusätzlichen Schlagtechniken füllen können, sind Sie mit einer solchen Angriffstechnik immer noch in der Lage, Ihr Ziel zu erreichen.

Falsche Anwendung

Abb. 1: Kampfstellung; rechter Fuß vorn.

Abb. 2 und 3: Es ist leicht zu sehen, wie falsch der klassische Fauststoß aus dem Vorwärtsschritt ist, der Sie für einen linken geraden Fauststoß des Gegners zu Ihrem Kopf ungedeckt läßt, noch ehe Sie Ihren Vorwärtsschritt beendet haben.

1

Praktische Schließtechnik

Abb. 1: Kampfstellung; rechter Fuß vorn, die Fäuste sind auf mittlerer Höhe.

Abb. 2: Beginnen Sie Ihren Schritt, indem Sie Ihr Körpergewicht hauptsächlich auf das vordere Bein verlagern, und führen Sie einen linken geraden Faustdtoß aus.

Abb. 3: Setzen Sie Ihr hinteres Bein nach vorne, und führen Sie einen rechten Faustdtoß aus, wenn sich das Bein mit dem anderen auf gleicher Höhe befindet.

Abb. 4: Setzen Sie Ihr hinteres Bein ganz nach vorne, so daß Sie in die Kampfstellung (linkes Bein vorne) gelangen, und führen Sie gleichzeitig einen linken geraden Faustdtoß aus.
Die Angriffswucht dieser Technik schließt wirksam die Lücken Ihrer Bewegung, hält Ihren Gegner in der Defensive und erlaubt Ihnen, den Punkt zu erringen. Es ist hier wichtig, sicher aufzutreten und die Zielrichtung Ihrer Faustdtöße zu variieren. Führen Sie sie nicht alle zum Kopf des Gegners aus.

2

3

4

Der einfache Ausfallschritt

Der einfache Ausfallschritt ist eine Technik aus relativ kurzer Entfernung, (im allgemeinen 20–30 cm). Deshalb ist er einer der schnellsten Wege, den Abstand zu schließen, und auch einer der kraftvollsten. Der einfache Ausfallschritt kann erfolgreich von einer Vielzahl von Stellungen aus begonnen werden. Die Reiterstellung und die T-Stellung sind nur zwei Beispiele. Am wirksamsten ist er aber aus der Kampfstellung heraus, die sehr der klassischen Bogenschützenstellung im Karate ähnelt, wenn sie auch nicht so tief und standfest ist.
Wenn Sie sich einmal dazu entschlossen haben, aus dem Ausfallschritt anzugreifen, müssen Sie sicher sein, daß der Gegner Ihre Absicht nicht durch Auf-und-ab-Bewegungen oder ein Vorlehnen erfährt. Der Ausfallschritt sollte eine einzige fließende Bewegung sein, die ohne zu rucken und sich nach vorne zu lehnen abläuft, was anderenfalls Ihrem Gegner Ihre Absichten offenbaren würde.

Durchführung des einfachen Ausfallschrittes

Abb. 1: Kampfstellung; linker Fuß vorne.

Abb. 2: Achten Sie darauf, daß Sie Ihren Oberkörper aufrecht und bewegungslos halten. Heben Sie Ihren vorderen Fuß leicht vom Boden ab, und stoßen Sie Ihren Körper mit dem hinteren Fuß nach vorne.

Abb. 3: Gehen Sie ungefähr 30 cm nach vorne, und „schleifen" Sie Ihren hinteren Fuß aus Gleichgewichtsgründen über den Boden.

Abb. 4: So gelangen Sie in die Kampfstellung, bereit, Ihren Angriff auszuführen. Diese Technik sollte so weit geübt werden, daß Sie Ihren Angriff in der Mitte des Ausfallschritts beginnen können.

Einfacher Ausfallschritt Anwendung Nr. 1

(Gegen einen stehenden Gegner)

Abb. 1: Wenn Sie sich versichert haben, daß Ihr Gegner kein Gegenangreifer mittels Finten ist, sollten Sie sich entschließen, einen Angriff aus dem einfachen Ausfallschritt aus der Kampfstellung auszuführen.

Abb. 2: Beginnen Sie Ihren Ausfallschritt zeitgleich mit einem rechten geraden Faustangriff.

Abb. 3 und 4: Wenn Sie den Abstand geschlossen haben, führen Sie den rechten geraden Fauststoß aus, und achten Sie darauf, zuletzt Ihre Stellung zu festigen. Jetzt sind Sie in der Lage, mehrere aufeinanderfolgende Angriffskombinationen auszuführen und dabei Ihren Gegner durch eine Reihe von Faustangriffen in der Defensive zu halten.

Einfacher Ausfallschritt Anwendung Nr. 2

(Gegen einen konternden Gegner)

Abb. 1: Führen Sie aus der Kampfstellung eine Finte gegen Ihren Gegner aus, um ihn zu einer Reaktion zu verleiten.

Abb. 2: Sobald Ihr Gegner auf die Finte reagiert und einen rechten geraden Fauststoß versucht, beginnen Sie mit Ihrem Ausfallschritt nach vorne, während Sie zugleich einen rechten geraden Fauststoß ausführen.

Abb. 3: Um Ihren Gegner in der Defensive zu halten, führen Sie unmittelbar danach einen rechten geraden Fußstoß zu seiner Körpermitte aus.

Abb. 4: Stellen Sie den Fuß, mit dem Sie getreten haben, direkt auf den Boden, und führen Sie einen linken geraden Fauststoß zur Körpermitte aus. Währenddessen ziehen Sie Ihre rechte Faust, um Kraft zu gewinnen, an die Hüfte.

Abb. 5: Aus der Schlaghaltung Ihrer linken Faust ergreifen Sie mit der linken Hand den rechten Arm Ihres Gegners und beginnen, mit Ihrem hinteren Fuß sein vorderes Bein wegzustoßen.

1

4

7

2

3

5

6

8

Abb. 6: Stoßen Sie das vordere Bein Ihres Gegners nach innen, und drücken Sie gleichzeitig seinen von Ihnen ergriffenen Arm nach außen, so daß er das Gleichgewicht verliert.

Abb. 7 und 8: Wenn Ihr Gegner auf den Boden gefallen ist, halten Sie den Griff an seiner Schulter und führen einen rechten geraden Fauststoß gegen seine Brust aus.

Einfacher Ausfallschritt Anwendung Nr. 3

(Gegen einen angreifenden Gegner)

Abb. 1: Kampfstellung.

Abb. 2: Startet Ihr Gegner einen Angriff (in diesem Fall einen geraden Fußstoß), beginnen Sie mit dem Ausfallschritt.

Abb. 3 und 4: Während Sie an der Innenseite seines Fußangriffs nach vorne gehen, führen Sie gleichzeitig einen linken geraden Faustsstoß zu seinem Gesicht aus.

Abb. 5: Ergreifen Sie mit der rechten Hand das Revers Ihres Gegners, während Sie mit Ihrem linken Arm seinen rechten Arm neutralisieren.

Abb. 6 und 7: Drehen Sie sich auf Ihrem vorderen Bein um 180° gegen den Uhrzeigersinn, und führen Sie einen Schulterwurf aus, indem Sie mit der linken Hand seinen Vorderarm und mit der rechten seinen Oberarm im Bereich des Armstreckers (M. triceps) ergreifen.

Abb. 8: Wenn Ihr Gegner auf den Boden fällt, halten Sie Ihren Griff mit der linken Hand bei, während Sie mit der rechten einen Fausttrükkenschlag zu seinem Gesicht ausführen.

2

3

5

6

8

Einfacher Ausfallschritt Anwendung Nr. 4

(Gegen einen zurückweichenden Gegner)

Abb. 1: Kampfstellung.

Abb. 2: Wenn Sie sicher herausgefunden haben, daß Ihr Gegner zurückweicht, wenn er angegriffen wird, beginnen Sie damit, Ihren hinteren Fuß nach vorne zu setzen und ergreifen mit der vorderen Hand den Ärmel des Gegners.

Abb. 3: Wenn sich der Gegner umdreht und zurückweicht, kontrollieren Sie mit Ihrem rechten Fuß seine vordere Kniekehle.

Abb. 4: Achten Sie auf die Beibehaltung Ihres Griffes, setzen Sie Ihren rechten Fuß auf den Boden auf, und führen Sie einen rechten geraden Fauststoß zum Kopf aus.

Abb. 5: Behalten Sie Ihren Griff immer noch bei, drehen Sie sich im Uhrzeigersinn auf Ihrem rechten Fuß, und führen Sie einen linken Halbkreisfußstoß zum Unterleib des Gegners aus.

Abb. 6: Setzen Sie das linke Bein wieder auf den Boden auf, drehen Sie Ihre Hüften gegen den Uhrzeigersinn, und führen Sie einen rechten geraden Fauststoß zum Kopf des Gegners aus.

1

4

7

2

3

5

6

8

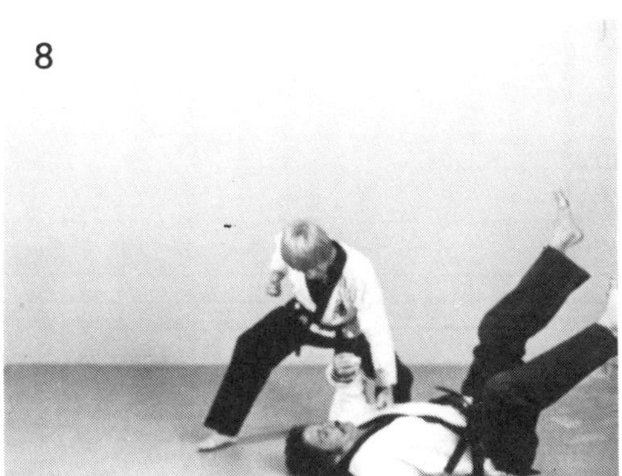

Abb. 7: Nehmen Sie Ihre rechte Hand herunter, ergreifen Sie die linke Schulter des Gegners, und drücken Sie sie nach außen, während Sie den rechten Fuß gegen das vordere Bein des Gegners schwingen.

Abb. 8: Wenn Ihr Gegner zu Boden fällt, führen Sie einen linken geraden Fauststoß zu seiner Brust aus.

Der Schleifschritt

Der Schleifschritt ist ein hervorragendes Mittel, um den Abstand zwischen Ihnen und Ihrem Gegner zu schließen. Korrekt ausgeführt, verleiht er Ihnen den Vorteil des Überraschungsmomentes. Wenn Sie daran denken, daß Sie ständig in Bewegung sein sollten, wird die Anfangsbewegung des Schleifschrittes, das Gleiten, nicht als Absicht eines Angriffes zu erkennen sein. Die beste Eingangstechnik bei einer Angriffskombination aus dem Schleifschritt ist normalerweise ein gerader Faustst0ß, der während des Gleitens weich beginnt und beim Gegner ankommt, wenn Sie den Schritt beenden. Schritt und Fauststoß sollten immer zeitgleich vollendet werden.

Durchführung des Schleifschrittes

Abb. 1: Kampfstellung.

Abb. 2: Führen Sie eine Finte mit der Hand aus, während Sie Ihr hinteres Bein zu Ihrem vorderen Bein heranschleifen.

Abb. 3: Setzen Sie Ihr vorderes Bein ungefähr 30–45 cm nach vorne.
Diese Methode, den Abstand zu schließen, sollte gegen einen Gegner angewandt werden, dessen Abstand zu Ihnen nicht mehr als 60–90 cm beträgt. Konzentrieren Sie sich darauf, bei dieser Bewegung Ihren Oberkörper aufrecht zu halten, damit Ihr Kopf beim Gleiten sich nicht auf- und abbewegt. Sie sollten die Bewegung ohne eine merkliche Veränderung in der Kopfhöhe ausführen können.

Schleifschritt mit Kombination

Abb. 1: Kampfstellung.

Abb. 2: Führen Sie eine hohe Finte mit Ihrer vorderen Faust aus, und beginnen Sie den Schritt nach vorne, indem Sie Ihr Körpergewicht überwiegend auf das vordere Bein verlagern.

Abb. 3: Setzen Sie Ihren hinteren Fuß an den vorderen Fuß heran.

Abb. 4: Gehen Sie 30–45 cm mit Ihrem Standbein nach vorne, während Sie gleichzeitig einen rechten geraden Fauststoß zur Körpermitte ausführen.

Schleifschritt
Anwendung Nr. 1

(Gegen einen stehenden Gegner)

Abb. 1: Kampfstellung.

Abb. 2: Täuschen Sie, um Ihren Gegner zu einer Reaktion zu zwingen, einen linken hohen Fauststoß vor.

Abb. 3: Setzen sie gleichzeitig Ihr hinteres Bein an Ihr vorderes heran.

Abb. 4: Gehen Sie mit Ihrem vorderen Bein nach vorne, während Sie gleichzeitig einen rechten geraden Fauststoß zur Körpermitte ausführen.

Schleifschritt Anwendung Nr. 2

(Gegen einen konternden Gegner)

Abb. 1: Kampfstellung.

Abb. 2 und 3: Täuschen Sie einen linken geraden Fauststoß zum Kopf des Gegners vor, um ihn zum Gegenangriff zu zwingen, während Sie gleichzeitig Ihren hinteren Fuß an Ihren vorderen Fuß heransetzen.

Abb. 4: Gehen Sie mit Ihrem vorderen Fuß nach vorne, während Sie gleichzeitig einen rechten geraden Faust每stoß zu den Rippen des Gegners ausführen. (Diese Anwendung weist eine deutliche Ähnlichkeit zu der gegen einen stehenden Gegner auf, es sei denn, der Fauststoß wird unter dem konternden Arm des Gegners ausgeführt, anstatt auf dessen Innenseite.)

Abb. 5: Nach dem geraden Fauststoß ergreifen Sie mit Ihrer rechten Hand die Schulter des Gegners und führen einen rechten Fußfeger gegen sein vorderes Bein aus.

Abb. 6: Sollte der Fußfeger Ihren Gegner nicht aus dem Gleichgewicht bringen, seien Sie darauf vorbereitet, Ihren rechten Fuß auf den Boden aufzusetzen und einen linken Halbkreisfußstoß mit dem Spann zu seinem Kinn auszuführen.

Schleifschritt
Anwendung Nr. 3

(Gegen einen zurückweichenden Gegner)

Abb. 1: Kampfstellung.

Abb. 2 und 3: Täuschen Sie einen linken geraden Fauststoß zum Kopf Ihres Gegners vor, während Sie gleichzeitig Ihren hinteren Fuß an Ihren vorderen Fuß heransetzen.

Abb. 4: Ohne Ihrem Gegner genügend Zeit für den Rückzug zu lassen, gehen Sie schnell mit Ihrem vorderen Fuß nach vorne und führen zugleich einen rechten geraden Fauststoß zu seiner Körpermitte aus.

1

2

3

4

Der gerade Vorwärtsschritt

Als Eröffnungstechnik verleiht der gerade Vorwärtsschritt ein hohes Kraftpotential und stellt zugleich ein Mittel dar, einen Abstand von wenig mehr als 60 cm zwischen Ihnen und Ihrem Gegner zu überbrücken. Bei dieser Angriffsart kann man nur sehr schwer kontern oder ihr entgehen, ohne getroffen zu werden, denn sie ist eine natürliche Bewegung, die Ihnen ein Höchstmaß an Gleichgewicht verleiht. Wenn Sie beim „Ausfüllen des Abstandes" während des Nachvornegehens die Taktik anwenden, den Gegner mit einer Serie von Fauststößen einzudecken, so kann dies für ihn sehr verwirrend sein.

1

2

3

4

Durchführung des geraden Vorwärtsschrittes

Abb. 1: Kampfstellung; die Fäuste sind auf mittlerer Höhe.

Abb. 2: Verlagern Sie Ihr Körpergewicht hauptsächlich auf das vordere Bein, während Sie einen hohen rechten geraden Fauststoß ausführen.

Abb. 3: Beginnen Sie, Ihren hinteren Fuß nach vorne zu „schleifen", während Sie einen hohen linken geraden Fauststoß ausführen.

Abb. 4: Vollenden Sie den geraden Vorwärtsschritt Ihres hinteren Beines, so daß sich dieses etwa schulterbreit vor Ihrem anderen Fuß befindet, und führen Sie einen rechten Fauststoß aus.
Um Ihren Gegner in Schach zu halten, ist es wichtig, während eines Angriffs aus dem geraden Vorwärtsschritt mehrere Fauststöße auszuführen. Ebenso wichtig ist es, einen Schritt nicht zu lang geraten zu lassen (60 cm sollten genügen), damit die Kraft des Angriffs nicht an Wirkung verliert.

Gerader Vorwärtsschritt Anwendung Nr. 1

(Gegen einen stehenden Gegner)

Abb. 1: Kampfstellung.

Abb. 2: Gehen Sie mit Ihrem hinteren Fuß nach vorne, während Sie einen hohen rechten geraden Fauststoß zum Kopf des Gegners ausführen.

Abb. 3 und 4: Vollenden Sie den geraden Vorwärtsschritt Ihres hinteren Fußes. Wenn Ihr Gegner auf Ihren hohen Fauststoß reagiert, führen Sie einen linken Fauststoß zu seiner Körpermitte aus.

1

2

3

4

1

2

Gerader Vorwärtsschritt Anwendung Nr. 2

(Gegen einen konternden Gegner)

Abb. 1: Kampfstellung.

Abb. 2: Zwingen Sie den Gegner zum Angriff, indem Sie einen hohen linken Fauststoß ausführen, wobei Sie das Körpergewicht auf Ihr vorderes Bein verlagern.

Abb. 3 und 4: Beginnen Sie, Ihren hinteren Fuß nach vorne zu bewegen, während Sie Ihren Gegner mit einem hohen rechten Fauststoß weiter „in Schach halten".

Abb. 5: Vollenden Sie den geraden Vorwärtsschritt Ihres hinteren Fußes, während Sie gleichzeitig einen linken Fauststoß zur ungedeckten Körpermitte des Gegners ausführen.

Gerader Vorwärtsschritt Anwendung Nr. 3

(Gegen einen zurückweichenden Gegner)

Abb. 1: Kampfstellung.

Abb. 2: Führen Sie schnell einen hohen rechten geraden Fauststoß zum Kopf Ihres Gegners aus, während Sie Ihr Körpergewicht auf das vordere Bein verlagern.

Abb. 3: Gehen Sie mit dem hinteren Fuß nach vorne, während Sie Ihre rechte Hand leicht nach unten nehmen und das Revers Ihres Gegners ergreifen.

Abb. 4: Halten Sie Ihren Griff so fest, daß Ihr Gegner nicht zurückweichen kann, und führen Sie einen linken geraden Fauststoß zur Körpermitte aus.

1

2

3

4

Der gleitende Ausfallschritt

Ein Angriff aus dem gleitenden Ausfallschritt ist als Eröffnungstechnik wirksam, wenn Sie sich ungefähr 1,5 m von Ihrem Gegner entfernt befinden. Korrekt ausgeführt, können Sie einen weiten Abstand schließen, ohne Ihre Absichten dem Gegner offenzulegen. Vornehmlich das gleitende Moment der Bewegung kann vom Gegner völlig unbeachtet vollzogen werden, so daß er auf den folgenden Ausfallschritt unvorbereitet ist.

Durchführung des gleitenden Ausfallschrittes

Abb. 1: Kampfstellung; die Fäuste sind auf mittlerer Höhe.

Abb. 2: Gleiten Sie mit Ihrem hinteren Fuß schnell an Ihren vorderen Fuß heran, ohne Ihren Kopf oder Oberkörper auf und ab zu bewegen.

Abb. 3–5: Führen Sie mit dem vorderen Fuß einen Ausfallschritt nach vorne aus, und „schleifen" Sie während dieses Schrittes den hinteren Fuß über den Boden nach sich. Um zu sehen, wie diese Technik gegen die verschiedenen Gegner (stehender Gegner, konternder Gegner und zurückweichender Gegner) angewandt wird, beachten Sie die Anwendungen der zuvor beschriebenen anderen Schrittechniken.

Der lange Ausfallschritt nach vorne

Der lange Ausfallschritt nach vorne ist ebenfalls sehr nützlich, um einen weiten Abstand zwischen Ihnen und Ihrem Gegner zu schließen. Diese Technik ist immer bei Abständen zwischen 45 cm und 1,5 m wirksam, und es ist schwierig zu kontern. Der Gegner irrt häufig bei der Annahme, daß der Schritt wesentlich weniger Distanz überbrückt, als er es tatsächlich tut, denn die Eröffnungsbewegung erscheint wie ein einziger Schritt.

Durchführung des langen Ausfallschrittes nach vorne

Abb. 1: Kampfstellung; die Fäuste sind auf mittlerer Höhe.

Abb. 2: Verlagern Sie Ihr Körpergewicht auf das vordere Bein, und beginnen Sie, mit dem hinteren Fuß nach vorne zu gehen.

Abb. 3–5: Gehen Sie weiter nach vorne und, anstatt einen normalen Schritt zu machen, führen Sie im gewünschten Abstand einen Ausfallschritt nach vorne vor Ihr Standbein aus, wobei Sie dieses aus Gründen des Gleichgewichtes über den Boden nach sich ziehen.
Um zu sehen, wie diese Technik gegen die verschiedenen Gegner angewandt wird, beachten Sie die Anwendungen der zuvor beschriebenen anderen Schrittechniken.

Fußstöße aus dem Sprung

Wenn ein Gegner sehr weit von Ihnen entfernt steht, können Sie sich auch für einen Fußstoß aus dem Sprung entscheiden. Es gibt viele Typen solcher Fußstöße. Die meisten von ihnen werden im Kapitel „Konditionstraining" (siehe Seite 60 ff.) behandelt. Diese Techniken sollten jedoch sparsam angewendet werden, denn sie lassen Sie bei Konterangriffen ungedeckt. Fußstöße aus dem Sprung sollten nicht angewandt werden, wenn Sie nicht einen Zielkreis von 8 cm genau treffen können. Mit anderen Worten: Wenn Sie nicht ganz sicher sind, mit Ihrer Zielgenauigkeit einen Punkt zu erringen, sollten Sie nie einen Fußstoß aus dem Sprung anwenden. Außerdem gibt es noch weitere Richtlinien, die Sie beachten sollten, bevor Sie sich für eine solche Technik entscheiden:

1. Setzen Sie häufig Eingangstechniken, Finten und ähnliches ein, damit Sie Ihren Gegner gründlich einschätzen können.
2. Setzen Sie niemals einen Fußstoß aus dem Sprung ein, ohne zuvor einen anderen Fußstoß vorgetäuscht zu haben.
3. Springen Sie immer derart hoch und mit solcher Kraft gegen einen Gegner, daß er getroffen wird, wenn er sich nicht bewegt. Springen Sie so, daß Sie ein gutes Stück hinter dem Punkt landen, an dem sich Ihr Gegner befindet.
4. Wenn Sie landen, führen Sie Ihren Angriff fort. Beginnen Sie sofort mit einer Serie von Fauststößen und möglichst auch Fußstößen, sobald Sie den Boden berühren.
5. Benutzen Sie den Fußstoß aus dem Sprung als Teil einer „Überrumpelungstechnik". Denken Sie daran, daß Sie den Abstand schließen und daß der Fußstoß aus dem Sprung wirksam als ein Mittel eingesetzt werden kann, um einen zurückweichenden Gegner zu erreichen, vornehmlich, wenn dieser zurücktritt.
6. Benutzen Sie den Fußstoß aus dem Sprung möglichst selten, damit Ihr Gegner diese verletzliche Angriffsart nicht vorhersehen oder ihr zuvorkommen kann.

Durchführung des seitlichen Fußstoßes aus dem Sprung

Abb. 1: Kampfstellung; heben Sie zur Vorbereitung eines Sprungs die Arme.

Abb. 2: Springen Sie hoch gegen Ihr Ziel, wobei beide Füße den Boden verlassen.

Abb. 3: Führen Sie mit Ihrem vorderen Fuß einen seitlichen Fußstoß aus, während Ihr hinterer Fuß zum Boden zeigt.
Weitere Fußstöße aus dem Sprung werden im Kapitel „Konditionstraining" (siehe Seite 60 ff.) behandelt.

Angriffstechniken

Die Angriffstechniken sind von großem Nutzen, um einen sich ständig bewegenden Gegner zu verfolgen und Punkte zu erzielen. Die besondere Betonung muß auf höchster technischer Vollkommenheit und Aggressivität beim Angriff liegen. Die Bewegungen, die auf den folgenden Seiten gezeigt werden, sollen Ihnen die Geschicklichkeit und Vollkommenheit verleihen, um mit Gewandtheit und Kraft angreifen zu können. Das Erlernen der Bewegungen sollte wie folgt in Angriff genommen werden:

1. Erlernen Sie die Technik, die auf den folgenden Seiten gezeigt wird. Vergewissern Sie sich, daß Sie sie innerhalb weniger Sekunden ausführen können.
2. Stellen Sie eine Serie Ihrer eigenen Angriffstechniken zusammen, und benutzen Sie die Schläge und Tritte, die Ihrer Meinung nach am besten zu Ihrem Angriffsstil passen.
3. Führen Sie improvisierte Angriffstechniken auf der Matte aus. Machen Sie sie spontan und ohne vorher zu überlegen. Mit anderen Worten: Sie sollten automatisch ablaufen.

Beispiel einer Angriffstechnik

Abb. 1: Kampfstellung; linkes Bein vorne, die Fäuste sind auf mittlerer Höhe.

Abb. 2 und 3: Machen Sie einen Ausfallschritt nach vorne, und führen Sie einen linken geraden Fauststoß aus, wenn Sie wieder in der Kampfstellung mit dem linken Bein vorne landen.

Abb. 4: Während Sie Ihre Stellung beibehalten, führen Sie einen linken tiefen Block aus.

Abb. 5–7: Drehen Sie Ihren Körper im Uhrzeigersinn auf Ihrem vorderen Fuß. Benutzen Sie dabei das Drehmoment zur Ausführung eines Hammerschlages mit der rechten Faust, der bei Beendigung der 180°-Drehung treffen sollte.

Abb. 8–10: Drehen Sie Ihren Körper um 180° gegen den Uhrzeigersinn auf Ihrem linken Fuß, und blocken Sie bei Beendigung der Drehung mit der linken Handkante nach außen.

Abb. 11: Während Sie Ihre Stellung mit dem linken Bein vorne beibehalten, drehen Sie Ihre Hüften gegen den Uhrzeigersinn und führen einen rechten geraden Faustostoß aus.

Abb. 12: Lassen Sie aus derselben Stellung unmittelbar danach einen rechten geraden Fußstoß folgen.

5

6

8

9

11

12

Abb. 13 und 14: Ziehen Sie den Fuß, mit dem Sie getreten haben, zurück, so daß Sie in die Kampfstellung (linkes Bein vorne) gelangen, und blocken Sie gleichzeitig mit dem linken Unterarm hoch ab.

Abb. 15: Führen Sie einen rechten geraden Fauststoß aus, und ziehen Sie dabei Ihre linke Faust an die Hüfte.

Abb. 16 und 17: Führen Sie aus derselben Stellung einen rechten geraden Fußstoß aus.

Abb. 18 und 19: Wenn Sie den Fuß, mit dem Sie getreten haben, gerade auf den Boden aufgesetzt haben, führen Sie aus der Kampfstellung (rechter Fuß vorne) einen rechten Faustrückenschlag aus.

Abb. 20: Führen Sie einen linken geraden Fauststoß aus, und ziehen Sie dabei Ihre rechte Faust an die Hüfte.

14

15

17

18

20

Konditionstraining

Zwei meiner siebzehnjährigen Schüler hatten kürzlich ihre Grüngurtprüfung. Als sie zum Freikampf als Teilprüfung kamen, waren sie von den Formen und den Hand- und Fußtechnikkombinationen, die sie gerade hinter sich hatten, noch außer Atem. Der Freikampf hatte gerade begonnen, und sie waren bereits völlig erschöpft. Das führte dazu, daß sie die Prüfung nicht bestanden. Sie befanden sich einfach in einem miserablen konditionellen Zustand.

So wie die Kondition beispielsweise einen Hauptteil des Boxens ausmacht, so ist sie auch für das Wettkampfkarate von Bedeutung. Sie sollte mit den Formen, den Techniken und allen anderen Aspekten des Karate auf einer Ebene gesehen werden, denn ohne sie können die technischen Elemente des Karate nicht beherrscht werden. Wenn Sie Ihre Angriffe nicht durchhalten können, weil Sie erschöpft sind, werden Sie den Kampf verlieren, genauso, als wenn Sie eine schlechte Technik hätten.

Allein die Erwähnung des Wortes „Konditionstraining“ beschwört indessen sofort Bilder von endlosen Hocken, Liegestützen usw. herauf. Das muß jedoch nicht sein. Es gibt einen Weg, das Durchhaltevermögen, das Sie durch Konditionstraining erlangen, mit dem technischen Training zu verbinden. Die folgenden Seiten zeigen Ihnen diesen neuen und praktischeren Zugang zur Kondition.

Natürlich sollten Sie immer noch die Übungen zum Aufwärmen ausführen, die Sie vor dem Ärger bewahren, überdehnte Muskeln oder ähnliches heilen zu müssen. Diese Grundübungen zum Aufwärmen werden in diesem Buch nicht gezeigt, aber Sie werden vor jedem Training sicherlich eine Reihe von solchen Übungen für sich parat haben.

Gehen Sie den folgenden Abschnitt mit derselben Sorgfalt an, die Sie bei den vorherigen Abschnitten angewandt haben, mit den Vorstellungsübungen, den Wiederholungsübungen, den verschiedenen Geschwindigkeitsstufen usw. Gehen Sie nicht von einer Übung zur nächsten über, bevor Sie die erste nicht völlig beherrschen.

Fußstöße gegen den Sandsack

Fußstöße gegen den Sandsack erfüllen mehrere Funktionen. Sie lehren Sie, Abstände richtig abzuschätzen und in realistischer Weise Ihre Fußstöße gegen einen festen Gegenstand zu zentrieren. Sie trainieren auch Ihre Beine in Bezug auf Hub- und Stoßkraft. Wenn Sie den Sandsack mit einem Stoß in Bewegung setzen und gegen ihn, wenn er zurückschwingt, einen Fußstoß ausführen, verbessern Sie Ihr Timing beim Angriff gegen ein bewegliches Ziel. Diese einfachen Zusatzübungen zeigen Ihnen schnell, welche Festigkeit Ihre Fußstöße haben, und helfen Ihnen, diese zu verbessern.

Gerader Fußstoß

Abb. 1: Kampfstellung; stoßen Sie den Sandsack von sich.

Abb. 2: Wenn der Sandsack beginnt, in Ihre Richtung zurückzuschwingen, heben Sie Ihren hinteren Fuß vom Boden, und fangen Sie an, ihn nach vorne zu bewegen.

Abb. 3: Führen Sie einen geraden Fußstoß mit Ihrem Fußballen aus, wenn der Sandsack senkrecht zum Boden hängt.

Abb. 4: Ziehen Sie nach dem Fußstoß Ihr Bein sofort wieder zurück.

Seitlicher Fußstoß aus dem Schritt

Abb. 1: Kampfstellung; stoßen Sie den Sandsack von sich.

Abb. 2 und 3: Wenn der Sandsack beginnt, in Ihre Richtung zurückzuschwingen, ziehen Sie Ihren hinteren Fuß an Ihren vorderen Fuß heran. Ziehen Sie dann Ihr vorderes Bein an, und drehen Sie Ihre Hüften im Uhrzeigersinn.

Abb. 4: Führen Sie einen seitlichen Fußstoß gegen den Sandsack aus, wenn dieser ungefähr senkrecht zum Boden hängt.

Abb. 5: Ziehen Sie Ihr Bein sofort wieder zurück.

Fußstoß nach hinten

Abb. 1: Stoßen Sie den Sandsack von sich, und ziehen Sie Ihren hinteren Fuß an den vorderen heran.

Abb. 2: Wenn der Sandsack beginnt, in Ihre Richtung zurückzuschwingen, drehen Sie Ihre Hüften gegen den Uhrzeigersinn und ziehen Ihr vorderes Bein an.

Abb. 3: Führen Sie einen Fußstoß nach hinten aus, und visieren Sie dabei das Ziel über Ihre Schulter an, um die nötige Treffsicherheit zu gewährleisten.

Gezielte Fuß- und Fauststöße

Diese Mehrzweckübung hat für den, der erfolgreich ins Wettkampfkarate einsteigen möchte, folgende Vorteile:

Genauigkeit: Bei dieser Übung werden Sie ständig damit konfrontiert, Ihre Fuß- und Fauststöße genau dort zu plazieren, wo Sie es vorgesehen hatten.

Timing: Diese Übung erhöht auch Ihr Timing, denn Sie schätzen die Kontaktpunkte an mehr als einem Ziel ab, das getroffen wurde.

Reflexe: Mehr als alles andere wirkt diese Übung auf Ihre reflexbedingte Reaktionsfähigkeit, denn Sie müssen frei zum Boden fallende Ziele treffen.

Durchziehen: Sie brauchen Ihre Faust- oder Fußstöße nicht kurz vor dem Kontakt zurückziehen, weil Sie nicht gegen eine andere Person schlagen. Hingegen können Sie einen imaginären Punkt jenseits des Zieles anvisieren.

Geschwindigkeit: Um ständig beide fallenden Ziele zu treffen, müssen Sie bei den Faust- und Fußstößen eine hohe Geschwindigkeit entwickeln.

Kraft: Diese Übung erhöht die Kraft Ihrer Faust- und Fußstoßtechniken, wenn Sie sich darauf konzentrieren können, die ganze Zeit über eine gute Form zu bewahren.

Zielgerichtete Fußstöße sind schwieriger, insofern Ihre Beine langsamer sind als Ihre Arme. Deshalb sollte Ihr Partner das Ziel höher halten, ihm so eine längere Fallzeit verleihen und dadurch die Unterschiede in der Geschwindigkeit ausgleichen. Der Reflex- und Timingwert dieser Übungen darf nicht überzogen werden. Achten Sie darauf, daß Ihre Technik bei zunehmender Geschwindigkeit nicht schlechter wird.

SOO DO

Gezielter Fauststoß
Übung Nr. 1

Abb. 1: Kampfstellung; die Fäuste sind an den Hüften, Ihr Partner hält einen dünnen Karton als Ziel vor Ihnen hoch.

Abb. 2: Wenn Ihr Partner den Karton ohne Vorwarnung fallen läßt, führen Sie einen rechten geraden Fauststoß gegen das Ziel aus.
Diese Übung kann mit allen möglichen Varianten von Hand- und Fausttechniken durchgeführt werden. Der Grundgedanke ist, daß die Absicht, das Ziel fallen zu lassen, vorher so wenig wie möglich zu erkennen sein sollte, denn nur wenn das Ziel überraschend fällt, erhält diese Übung ihre maximale Wirkung.

Gezielter Fauststoß
Übung Nr. 2

Abb. 1: Stehen Sie aufrecht, die Fäuste an der Seite, die Füße etwa schulterbreit gespreizt. Ihr Partner hält zwei dünne Kartons als Ziele hoch. Sie stehen dem Ziel gegenüber, das Sie als erstes treffen wollen.

Abb. 2 und 3: Wenn Ihr Partner beide Ziele, und zwar eins unmittelbar nach dem anderen, fallenläßt, führen Sie einen rechten geraden Fauststoß gegen das erste Ziel und einen rechten Faustrückenschlag gegen das zweite Ziel aus.
Wenn Sie diese Übung beherrschen, sollten Sie beide gleichzeitig losgelassenen Ziele treffen können. Üben Sie täglich, und hören Sie nicht auf, bevor Sie nicht beide Schläge dreimal hintereinander perfekt ausführen können.

Gezielter Fußstoß Übung Nr. 1

Abb. 1: Kampfstellung; stehen Sie dabei dem Ziel, das Ihr Partner hochhält, gegenüber.

Abb. 2: Wenn Ihr Partner das Ziel losläßt, führen Sie einen geraden Fußstoß aus.
Wenden Sie bei dieser Übung verschiedene Fußtechniken an, und betonen Sie dabei sowohl die Form als auch die Schnelligkeit.

Gezielter Fußstoß
Übung Nr. 2

Abb. 1: Stehen Sie aufrecht, die Füße etwa schulterbreit auseinander, die Fäuste an der Seite. Ihr Partner hält zwei dünne Kartons als Ziele hoch, und Sie blicken auf das untere Blatt, das Sie zuerst treffen wollen.

Abb. 2: Wenn Ihr Partner das untere Ziel losläßt, treffen Sie es mit einem Halbkreisfußtritt.

Abb. 3: Unmittelbar nachdem Ihr Partner den ersten Karton fallengelassen hat, läßt er den zweiten los. Im gleichen Moment ziehen Sie das Bein, mit dem Sie getreten haben, ein wenig zurück und führen einen weiteren Halbkreisfußstoß gegen das zweite Ziel aus.
Achten Sie darauf, bei dieser Übung alle Fußstöße (gerader, seitlicher usw.) zu vervollkommnen. Wenn Sie sie beherrschen, sollten Sie beide gleichzeitig losgelassenen Ziele treffen können.

Gezielter Fußstoß
Übung Nr. 3

Abb. 1: Ihr Partner hält mit einer Hand ein rechteckiges Kissen hoch und steht etwa in 1,5 m Entfernung bereit.

Abb. 2: Bringen Sie Ihr hinteres Bein schnell nach oben.

Abb. 3: Benutzen Sie den Schwung, um hoch und nach vorne in Richtung Ziel zu springen.

Abb. 4: Während Sie sich noch in der Luft befinden, führen Sie schnell einen Halbkreisfußstoß zum Ziel hin aus.

Abb. 5: Ziehen Sie den Fuß, mit dem Sie getreten haben, zurück, indem Sie das Knie beugen, und landen Sie mit Ihrem Körpergewicht direkt auf dem anderen Fuß.
Diese Übung vervollkommnet Ihren Halbkreisfußstoß aus dem Sprung, eine sehr wirksame Eröffnungstechnik für einen Angriff aus weiter Distanz.

1

2

Gezielter Fußstoß
Übung Nr. 4

Abb. 1: Stehen Sie ungefähr 1,5 m vom Ziel, das Ihr Partner hochhält, entfernt.

Abb. 2: Ziehen Sie Ihren hinteren Fuß an Ihren vorderen Fuß heran, und heben Sie dann Ihren vorderen Fuß vom Boden.

Abb. 3: Führen Sie mit Ihrem vorderen Fuß einen hohen Halbkreisfußstoß gegen das Ziel aus.

Abb. 4: Ziehen Sie den Fuß, mit dem Sie getreten haben, in eine mittlere Höhe zurück, und führen Sie entweder einen weiteren Halbkreisfußstoß zum Ziel aus oder setzen Sie den Fuß auf dem Boden auf.

3

4

Gezielter Fußstoß
Übung Nr. 5

Abb. 1: Stehen Sie zuerst ungefähr 1,5 m vom Ziel, das Ihr Partner hochhält, entfernt.

Abb. 2: Ziehen Sie Ihren hinteren Fuß an den vorderen heran.

Abb. 3: Heben Sie Ihren vorderen Fuß, und täuschen Sie einen tiefen Halbkreisfußstoß vor.

Abb. 4: Beugen Sie Ihren Oberkörper zum Boden hin, und führen Sie aus der Position des vorgetäuschten tiefen Halbkreisfußstoßes einen hohen Halbkreisfußstoß gegen das Ziel aus.
Achten Sie bei der Durchführung dieser besonderen Übung darauf, daß der vorgetäuschte Fußstoß wie ein echter Fußstoß aussieht. Es darf nur der Bruchteil einer Sekunde zwischen der Ausführung des vorgetäuschten und des echten Fußstoßes vergehen.

Gezielter Fußstoß
Übung Nr. 6

Abb. 1: Stehen Sie dem Ziel, das Ihr Partner mit der Hand hochhält, ungefähr 1,5 m gegenüber, und gehen Sie mit Ihrem hinteren Fuß darauf zu.

Abb. 2: Nach Beendigung des Schrittes heben Sie sofort Ihr Bein vom Boden und bewegen es nach vorne.

Abb. 3: Führen Sie einen Fußstoß mit Kreisbewegung des Beines nach außen gegen das Ziel aus, und treffen Sie es mit der Fußaußenkante.

Abb. 4: Ohne die Kreisbewegung nach außen zu unterbrechen, bringen Sie den Fuß, mit dem Sie getreten haben, zum Boden.

1

2

3

4

Gezielter Fußstoß
Übung Nr. 7

Abb. 1: Stehen Sie dem Ziel, das Ihr Partner mit der Hand hochhält, ungefähr 1,5 m gegenüber.

Abb. 2: „Schleifen" Sie Ihren hinteren Fuß an den vorderen heran.

Abb. 3 und 4: Schwingen Sie Ihr vorderes Bein in einer Kreisbewegung nach außen, und führen Sie einen Fersentritt gegen das Ziel aus. Achten Sie darauf, die Kreisbewegung beizubehalten, bevor Sie den Fuß, mit dem Sie getreten haben, wieder auf den Boden setzen.

1

2

3

4

Gezielter Fußstoß
Übung Nr. 8

Abb. 1: Stehen Sie zuerst dem Ziel, das Ihr Partner mit der Hand hochhält, ungefähr 1,5 m gegenüber.

Abb. 2: Drehen Sie Ihren Körper im Uhrzeigersinn auf dem Ballen Ihres vorderen Fußes, und bewegen Sie Ihren hinteren Fuß nach vorne.

Abb. 3 und 4: Drehen Sie sich weiter in dieselbe Richtung, während Sie Ihren hinteren Fuß heben, und führen Sie einen Fersendrehschlag gegen das Ziel aus.

Abb. 5: Führen Sie den Fuß, mit dem Sie getreten haben, in dieselbe Richtung weiter über das Ziel hinaus, bevor Sie ihn auf den Boden setzen.

Gezielter Fußstoß
Übung Nr. 9

Abb. 1: Stehen Sie zuerst dem Ziel, das Ihr Partner mit der Hand hochhält, ungefähr 1,5 m gegenüber.

Abb. 2 und 3: „Schleifen" Sie Ihren hinteren Fuß an den vorderen heran.

Abb. 4 und 5: Heben Sie Ihren vorderen Fuß vom Boden und vom Ziel weg, und führen Sie einen Fersentritt gegen das Ziel aus.

Abb. 6: Führen Sie den Fuß, mit dem Sie getreten haben, weiter, so daß er hinter Ihnen und jenseits des Zieles wieder auf den Boden aufgesetzt wird.

Abb. 7: Drehen Sie sich in derselben Richtung auf dem Ballen Ihres vorderen Fußes weiter.

Abb. 8 und 9: Heben Sie wieder Ihren hinteren Fuß, und führen Sie einen Fersendrehschlag gegen das Ziel aus.
Diese besondere Übung sollte schnell, genau und ohne Vernachlässigung der Form ausgeführt werden.

2

3

5

6

8

9

Technische Vervollkommnung

Der Aspekt der „Technik“ ist im Karate – beziehungsweise bei einer Meisterschaft in den Kampfkünsten generell – ebenso wichtig wie die Schnelligkeit und die Kondition. Sogar Schwarzgurtwettkämpfer wurden während ihrer Kämpfe wegen einer nachlässigen Technik disqualifiziert, die unter den Schiedsrichtern als „Straßenkampfstil“ bekannt wurde. So etwas ist offensichtlich möglich, und es ist wirklich peinlich, mitzuerleben, wie jemand, der den höchsten Gurtgrad im Karate erreicht hat, wie ein bockiges Kind im Ring wild um sich schlägt.
Ein Grund für diese traurige Situation scheint die nachlässige Ausbildung zu sein. Es ist heutzutage offensichtlich Mode, sich sofort einen schwarzen Gurt anzulegen und eine Schule zu eröffnen. Natürlich ist es nicht falsch, für eine entsprechende Gegenleistung einen fairen Preis zu verlangen. Wenn aber diese Gegenleistung nicht geboten wird, ist die Sache verwerflich und sogar kriminell. Natürlich werden manche Leute, selbst unter den besten Schwarzgurten, nie in der Lage sein, gute Lehrer zu werden, aber dennoch sollte die Fähigkeit, anderen Kenntnisse zu vermitteln, einen Teil der Anforderungen an einen Dan-Grad ausmachen.
Ein anderer Grund für eine schwache Technik ist die allgemeine „Krankheit“, sich sofort als Experten zu bezeichnen. Es tut weh, den Finger auf die Wunde zu legen, aber viele Leute in diesem Land lehnen es ab, für die Erringung von Meisterschaft auf irgendeinem Gebiet, sogar auf dem des Karate, die gebotene Zeit zu investieren. Das erste, was ein Schüler bei der Aufnahme in den Verein wissen will, ist: „Wie lange dauert es, um den Schwarzgurt zu bekommen?“ Es ist die Pflicht des Lehrers, darauf zu achten, daß solche Einstellungen geändert und durch Hingabe und Disziplin in geistiger, körperlicher und seelischer Hinsicht ersetzt werden.
Der letzte Grund ist wahrscheinlich die Faulheit des Schülers. Gute Techniken sind schwierig zu erlernen und zu behalten. Es verwundert dann nicht, daß die meisten Schüler sich nicht bemühen, sie korrekt zu lernen. Solange der Lehrer nicht wenigstens ein ehrliches Interesse zeigt, ernsthaft zu arbeiten, wird der träge Schüler die Technik nie beherrschen.
Es ist nicht die Aufgabe dieses Buches, in die Grundlagen der Karatetechnik einzusteigen, denn dies würde uns von Ihrem Ziel, Wettkämpfe zu gewinnen, ablenken. Allerdings bietet es Ihnen auch technische Übungen an, die die Basistechniken verbessern, mit denen Sie bereits vertraut sein sollten.

Wenn die folgenden Übungen korrekt ausgeführt werden, sollten sie ihre Zielgenauigkeit, Kraft und Schnelligkeit erhöhen. Um die folgenden Formen technisch sauber ausführen zu können, müssen Sie sich auf folgendes konzentrieren:
Korrekte Bewegungen – Gleichgewicht – Durchhaltevermögen – Zielgenauigkeit – Rhythmus – Timing – Genauigkeit der Durchführung.
Ein anderer wichtiger Punkt bei der Ausübung der folgenden Formen ist die Notwendigkeit, sie auf verschiedenen Geschwindigkeitsstufen auszuführen. Wenn Sie die Formen bei langsamer Geschwindigkeit, halber Geschwindigkeit, voller Geschwindigkeit und mit voller Kraft ausführen, so hilft das nicht nur Ihrer Technik, sondern auch Ihrem Rhythmus.

Rhythmusform (YI-DAN)

Wenn Sie die oberste Übung, die Rhythmusform I, erlernen, konzentrieren Sie sich zugleich auf einen Abschnitt, und fügen Sie jeden neuen Abschnitt den zuvor erlernten hinzu. Variieren Sie Ihre Geschwindigkeit in den beschriebenen vier Phasen. Denken Sie daran, daß der Rhythmus immer fließend sein soll und daß dennoch die Form über ihre ganze Länge hinweg nicht denselben Rhythmus haben darf. Bewahren Sie immer Ihr Gleichgewicht, und erhöhen Sie nicht Ihre Gesamtgeschwindigkeit, bevor Sie dies nicht, ohne Ihre Technik zu beeinträchtigen, leisten können.

Abb. 1: Bereitschaftsstellung; halten Sie Ihre Fäuste vor Ihren Unterleib.
Abb. 2 und 3: Ziehen Sie Ihre Fäuste an die rechte Seite, setzen Sie Ihren linken Fuß zur Seite in die Bogenschützenstellung, und führen Sie gleichzeitig einen hohen Doppelblock mit nach innen zeigenden Fäusten aus.
Abb. 4 und 5: Drehen Sie Ihre Hüften gegen den Uhrzeigersinn, und führen Sie einen rechten Aufwärtshaken aus, während Sie mit Ihrer linken Faust nach unten zu Ihrer rechten Schulter greifen.
Abb. 6: Ziehen Sie den linken Fuß an den rechten heran, und täuschen Sie einen rechten geraden Faustстoß vor.
Abb. 7: Setzen Sie Ihren linken Fuß zur Seite in die Reiterstellung, und führen Sie einen linken Faustbstoß zur Seite aus.
Abb. 8 und 9: Drehen Sie Ihren Oberkörper im Uhrzeigersinn, gehen Sie in die rückwärtige T-Stellung mit dem Gewicht auf dem linken Bein, und führen Sie einen hohen Doppelblock aus.
Abb. 10 und 11: Greifen Sie mit Ihrer rechten Faust nach unten zu Ihrer linken Schulter, während Sie einen linken Aufwärtshaken ausführen.

3

4

7

8

9

10

11

12

15

16

Abb. 12–14: Ziehen Sie den rechten Fuß an den linken heran, und täuschen Sie einen linken geraden Fauststoß vor. Gehen Sie mit dem rechten Fuß in die Reiterstellung, und führen Sie gleichzeitig einen rechten Fauststoß zur Seite aus. Setzen Sie den linken Fuß an den rechten heran, und drehen Sie Ihren Oberkörper im Uhrzeigersinn um 90°.

Abb. 15 und 16: Führen Sie zeitgleich einen Hammerschlag mit der rechten Faust und einen rechten seitlichen Fußstoß aus.

Abb. 17: Setzen Sie den Fuß, mit dem Sie getreten haben, auf den Boden. Wenden Sie Ihren Kopf zur anderen Seite, und gehen Sie in die rückwärtige T-Stellung mit dem Gewicht auf dem rechten Bein, während Sie einen hohen linken Handkantenschlag ausführen.

Abb. 18: Setzen Sie Ihren rechten Fuß vor den linken, so daß Sie in die rückwärtige T-Stellung mit dem Gewicht auf dem linken Bein gelangen, und führen Sie einen hohen rechten Handkantenschlag aus.

Abb. 19: Setzen Sie Ihren linken Fuß vor den rechten, so daß Sie in die rückwärtige T-Stellung mit dem Gewicht auf dem rechten Bein gelangen, und führen Sie einen hohen linken Handkantenschlag aus.

Abb. 20: Setzen Sie Ihren rechten Fuß vor Ihren linken, so daß Sie in die Bogenschützenstellung (rechtes Bein vorne) gelangen.

13

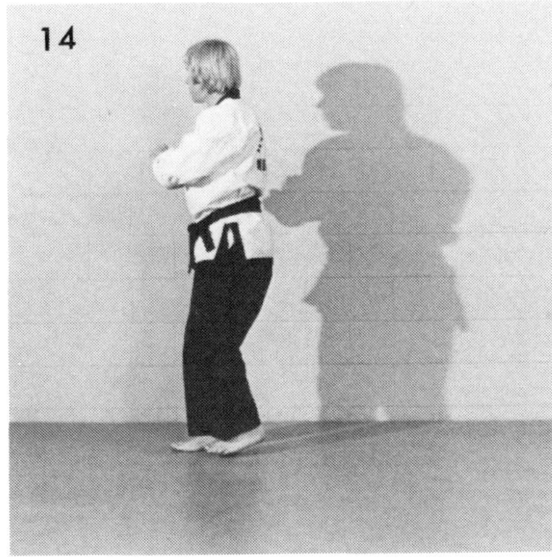
14

17

18

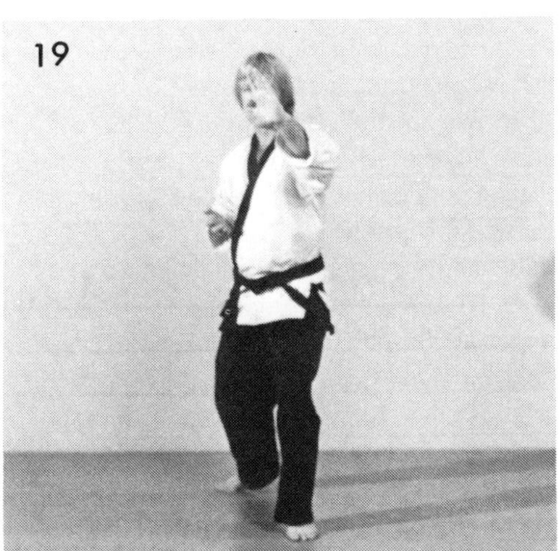
19

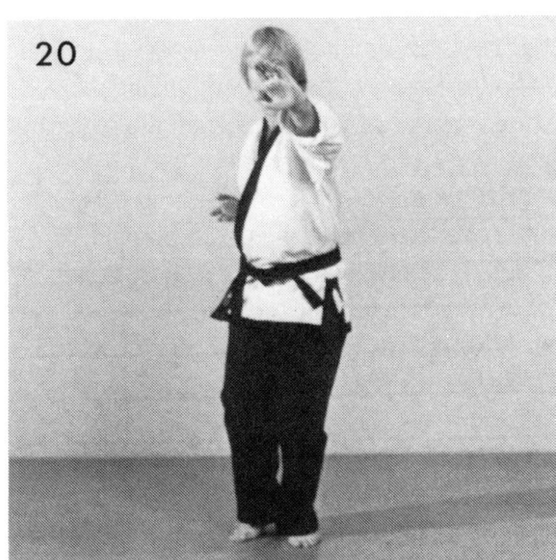
20

21

22

25

26

Abb. 21: Führen Sie mit der rechten Hand einen Fingerspitzenstoß (Schwerthand) aus.

Abb. 22 und 23: Unternehmen Sie eine Dreivierteldrehung gegen den Uhrzeigersinn, so daß Sie in die rückwärtige T-Stellung mit dem Gewicht auf dem rechten Bein gelangen, und führen Sie einen linken Handkantenschlag aus.

Abb. 24: Setzen Sie Ihren rechten Fuß 45° schräg rechts vor Ihren linken, und schlagen Sie aus der rückwärtigen T-Stellung mit der rechten Handkante zu.

Abb. 25: Versetzen Sie Ihren rechten Fuß 135° im Uhrzeigersinn, so daß Sie in die rückwärtige T-Stellung mit dem Gewicht auf dem linken Bein gelangen, und führen Sie einen rechten Handkantenschlag aus.

Abb. 26: Setzen Sie Ihren linken Fuß in einem 45°-Winkel nach links vor den rechten, so daß Sie in die rückwärtige T-Stellung mit dem Gewicht auf dem rechten Bein gelangen, und schlagen Sie mit der linken Handkante zu.

Abb. 27: Versetzen Sie Ihren linken Fuß 45° gegen den Uhrzeigersinn, so daß Sie in die Bogenschützenstellung (linkes Bein vorne) gelangen. Blocken Sie dann rechts nach außen ab.

Abb. 28: Führen Sie aus derselben Stellung einen rechten geraden Fauststoß und gleichzeitig einen rechten geraden Fußstoß aus.

23

24

27

28

27 Seitenansicht

28 Seitenansicht

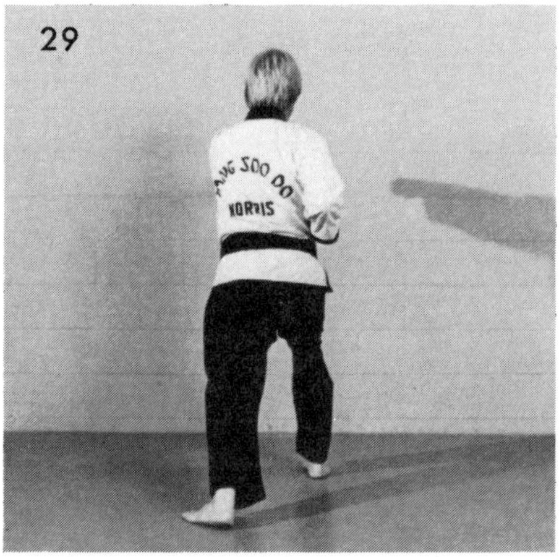

Abb. 29: Setzen Sie den Fuß, mit dem Sie getreten haben, auf den Boden, so daß Sie in die Bogenschützenstellung (rechtes Bein vorne) gelangen, und führen Sie einen linken geraden Fauststoß aus.

Abb. 30: Blocken Sie aus derselben Stellung links nach außen.

Abb. 31: Führen Sie gleichzeitig einen linken geraden Fauststoß und einen linken geraden Fußstoß aus.

Abb. 32: Setzen Sie Ihren Fuß auf den Boden, so daß Sie in die Bogenschützenstellung (linkes Bein vorne) gelangen, und führen Sie einen rechten geraden Fauststoß aus.

Abb. 33 und 34: Setzen Sie Ihren rechten Fuß vor den linken, so daß Sie in die Bogenschützenstellung mit dem rechten Bein vorne gelangen, und blocken Sie rechts nach außen.

31

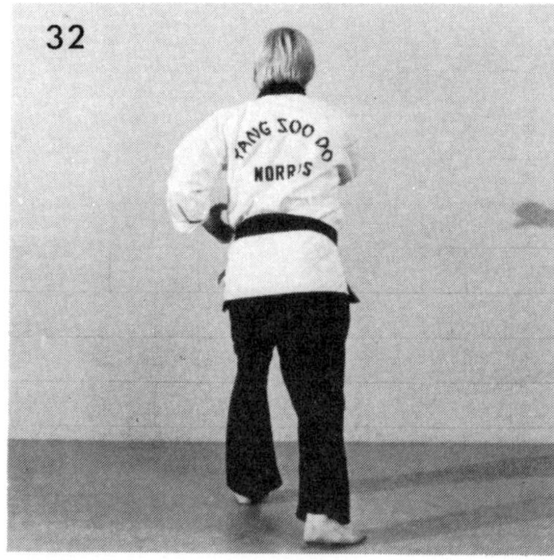

32

31 Seitenansicht

32 Seitenansicht

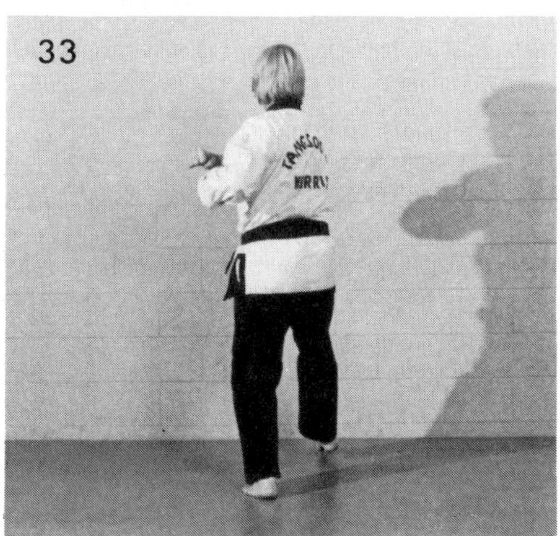

33

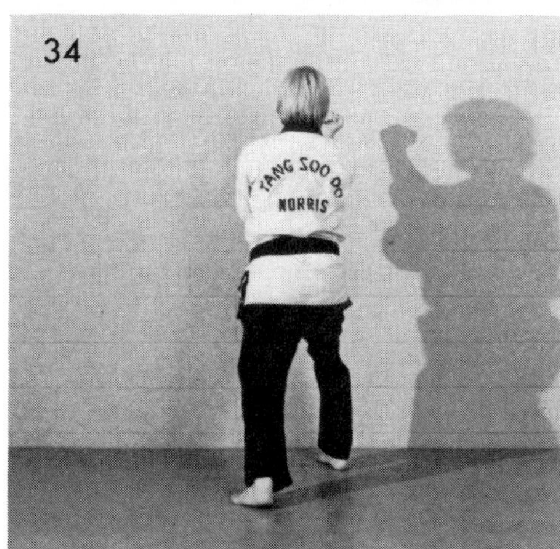

34

Abb. 35 und 36: Unternehmen Sie eine Dreiviertelwendung, indem Sie sich auf dem rechten Fuß drehen. Gehen Sie in die Bogenschützenstellung (linkes Bein vorne), und führen Sie gleichzeitig einen linken tiefen Block aus.
Abb. 37 und 38: Nehmen Sie aus derselben Stellung Ihre linke Faust über die rechte Schulter, und führen Sie dann einen linken Block nach außen mit der Handkante aus.
Abb. 39: Gehen Sie mit Ihrem rechten Fuß 45° nach schräg rechts vor, und führen Sie einen rechten hohen Block aus.
Abb. 40: Versetzen Sie Ihren rechten Fuß 135° im Uhrzeigersinn, so daß Sie in die Bogenschützenstellung (rechtes Bein vorne) gelangen, und führen Sie einen rechten tiefen Block aus.
Abb. 41 und 42: Setzen Sie aus derselben Stellung einen hohen rechten Block mit der Handkante an.
Abb. 43: Setzen Sie Ihren linken Fuß 45° schräg rechts nach vorne, so daß Sie in die Bogenschützenstellung (linkes Bein vorne) gelangen, und führen Sie gleichzeitig einen linken hohen Block aus.
Abb. 44: Führen Sie Ihren linken Fuß an den rechten zurück, und nehmen Sie zum Schließen der Form die Bereitschaftsstellung ein.

37

38

41

42

43

44

Kampfübungsformen

Die Kampfform ist realistischer als die klassische Form. Obwohl sie dieselben Eigenschaften, den Rhythmus und die Kraft der klassischen Form hat, steigert sie die Schnelligkeit ihrer Bewegungen zu der eines realistischen Kampfes. Die klassische Form erinnert dagegen mehr an einen Tanz.

Die Kampfformen können zur Bildung von Kampfgeist dienen, wenn sie so ausgeführt werden, als wenn Sie wirklich kämpfen würden – mit voller Geschwindigkeit und voller Kraft. Die technischen Elemente dieser Formen dürfen jedoch nicht der Geschwindigkeit geopfert werden, sonst verfehlen Sie ihr Ziel. Wenn sie richtig ausgeführt werden, bilden sie Durchhaltevermögen, Rhythmus und Geschwindigkeit aus. Dies bedeutet, daß Sie die Kampfformen in der 4-Phasen-Methode – Zeitlupe, halbe Geschwindigkeit, volle Geschwindigkeit, volle Kraft – beherrschen müssen.

Fußtechnikform

Abb. 1: Bogenschützenstellung; linkes Bein vorne, die Fäuste sind auf halber Höhe.

Abb. 2: Ziehen Sie den rechten Fuß an den linken heran.

Abb. 3 und 4: Führen Sie einen hohen linken geraden Fußstoß aus.

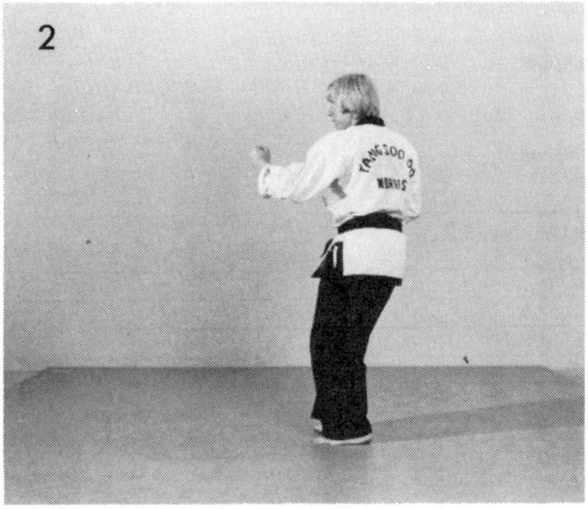

Abb. 5: Setzen Sie den Fuß, mit dem Sie getreten haben, auf den Boden. Beginnen Sie, Ihren Oberkörper im Uhrzeigersinn zu drehen.

Abb. 6: Vollenden Sie die 180°-Drehung, so daß Sie in die Bogenschützenstellung mit dem rechten Bein vorne gelangen.

Abb. 7: Ziehen Sie Ihren linken Fuß an den rechten heran.

Abb. 8 und 9: Führen Sie einen hohen rechten geraden Fußstoß aus.

Abb. 10: Setzen Sie den Fuß, mit dem Sie getreten haben, auf den Boden auf.

Abb. 11: Drehen Sie Ihren Oberkörper gegen den Uhrzeigersinn um 180°, so daß Sie in die Bogenschützenstellung mit dem linken Bein vorne gelangen.

Abb. 12 und 13: Führen Sie einen hohen linken geraden Fußstoß aus.

4

7

10

5

6

8

9

11

12

13

Abb. 14: Setzen Sie den Fuß, mit dem Sie getreten haben, auf den Boden.

Abb. 15 und 16: Wenn der Fuß den Boden berührt, führen Sie sofort einen rechten geraden Fußstoß aus.

16

Abb. 17: Setzen Sie den Fuß, mit dem Sie getreten haben, wieder auf den Boden, und zwar hinter Ihren linken Fuß, so daß Sie in die Bogenschützenstellung mit dem linken Bein vorne gelangen.

Abb. 18 und 19: Führen Sie einen weiteren rechten geraden Fußstoß aus, sobald Ihr rechter Fuß den Boden berührt.

Abb. 20: Setzen Sie den Fuß, mit dem Sie getreten haben, direkt auf den Boden, so daß Sie für einen Augenblick in die Kampfstellung mit dem rechten Bein vorne gelangen.

19

Abb. 21: Drehen Sie Ihren Oberkörper um 180° gegen den Uhrzeigersinn, so daß Sie sich nun in der Kampfstellung mit dem linken Bein vorne befinden.

14

15

17

18

20

21

Abb. 22: Ziehen Sie Ihren rechten Fuß nach vorne an den linken heran.

Abb. 23 und 24: Wenn der rechte Fuß den linken berührt, führen Sie sofort einen linken Halbkreisfußstoß aus.

Abb. 25: Setzen Sie den Fuß, mit dem Sie getreten haben, unmittelbar vorne auf den Boden auf.

Abb. 26: Wenn Ihr linker Fuß den Boden berührt, drehen Sie Ihren Oberkörper um 180° im Uhrzeigersinn, so daß Sie in die rückwärtige T-Stellung mit dem Gewicht auf dem linken Bein gelangen.

Abb. 27: Ziehen Sie den linken Fuß an den rechten heran.

Abb. 28 und 29: Führen Sie einen rechten Halbkreisfußstoß aus.

Abb. 30: Beginnen Sie, Ihren Oberkörper gegen den Uhrzeigersinn zu drehen, und setzen Sie den Fuß, mit dem Sie getreten haben, direkt auf den Boden.

22

25

28

23

24

26

27

29

30

Abb. 31: Wenn der Fuß, mit dem Sie getreten haben, den Boden berührt, sollten Sie die 180°-Drehung Ihres Oberkörpers gegen den Uhrzeigersinn beendet haben. Sie sollten sich dann in der rückwärtigen T-Stellung mit dem Gewicht auf dem rechten Bein befinden.

Abb. 32 und 33: Führen Sie einen rechten Halbkreisfußstoß aus.

Abb. 34–36: Setzen Sie den Fuß, mit dem Sie getreten haben, unmittelbar auf den Boden, und drehen Sie Ihren Oberkörper um 180° gegen den Uhrzeigersinn, so daß Sie in die rückwärtige T-Stellung mit dem Gewicht auf dem rechten Bein gelangen.

Abb. 37: Ziehen Sie Ihren rechten Fuß an den linken heran.

Abb. 38: Führen Sie einen hohen linken seitlichen Fußstoß aus.

Abb. 39: Setzen Sie den Fuß, mit dem Sie getreten haben, direkt auf den Boden. Beginnen Sie, Ihren Oberkörper im Uhrzeigersinn zu drehen.

31

34

37

32

33

35

36

38

39

Abb. 40: Wenn der Fuß, mit dem Sie getreten haben, den Boden berührt, sollten Sie die 180°-Drehung Ihres Oberkörpers im Uhrzeigersinn beendet haben. Sie sollten sich dann in der rückwärtigen T-Stellung mit dem Gewicht auf dem linken Bein befinden.

Abb. 41: Ziehen Sie Ihren linken Fuß an den rechten heran.

Abb. 42 und 43: Führen Sie einen hohen rechten seitlichen Fußstoß aus.

Abb. 44: Setzen Sie den Fuß, mit dem Sie getreten haben, direkt auf den Boden auf. Drehen Sie nun Ihren Oberkörper gegen den Uhrzeigersinn.

Abb. 45: Wenn der Fuß, mit dem Sie getreten haben, den Boden berührt, sollten Sie die 180°-Drehung Ihres Oberkörpers gegen den Uhrzeigersinn beendet haben. Sie sollten sich nun in der rückwärtigen T-Stellung mit dem Gewicht auf dem rechten Bein befinden.

Abb. 46 und 47: Führen Sie einen rechten seitlichen Fußstoß aus.

Abb. 48: Setzen Sie den Fuß, mit dem Sie getreten haben, direkt auf den Boden, und drehen Sie Ihren Oberkörper um 180° gegen den Uhrzeigersinn, so daß Sie in die rückwärtige T-Stellung mit dem Gewicht auf dem rechten Bein gelangen.

41

42

44

45

47

48

Abb. 49–51: „Schleifen" Sie Ihren rechten Fuß nach vorne, und zwar hinter und ein wenig jenseits Ihres linken Fußes. Führen Sie einen hohen linken Fußstoß nach hinten aus.

Abb. 52: Setzen Sie den Fuß, mit dem Sie getreten haben, direkt auf den Boden, und beginnen Sie, Ihren Oberkörper im Uhrzeigersinn zu drehen.

Abb. 53: Wenn der Fuß, mit dem Sie getreten haben, den Boden berührt, sollten Sie die 180°-Wendung Ihres Oberkörpers im Uhrzeigersinn beendet haben. Sie sollten sofort damit beginnen, diesen Fuß an Ihren rechten Fuß heranzuziehen.

Abb. 54: Vollenden sie dieses Heranziehen, wenn sich Ihr linker Fuß leicht jenseits des rechten Fußes befindet.

Abb. 55: Führen Sie einen hohen rechten Fußstoß nach hinten aus.

Abb. 56: Setzen Sie den Fuß, mit dem Sie getreten haben, direkt auf den Boden, so daß Sie in die Kampfstellung mit dem linken Bein vorne gelangen.

Abb. 57: Heben Sie den rechten Fuß, und wenden Sie den Oberkörper im Uhrzeigersinn, indem Sie sich auf dem linken Fuß drehen.

49

52

55

50

51

53

54

56

57

58

Abb. 58: Vollenden Sie die Drehung, und führen Sie einen rechten Fußstoß nach hinten aus.

Abb. 59: Setzen Sie den Fuß, mit dem Sie getreten haben, direkt auf den Boden, so daß Sie bei Beendigung der Form in die Kampfstellung mit dem rechten Bein vorne gelangen.

59

Schnelligkeitsformen

Die Schnelligkeitsübungen verbinden alle wünschenswerten Elemente, die sich günstig und hilfreich auf die Praxis auswirken. Sie schärfen Ihre Technik, indem Sie sich darauf konzentrieren, das Niveau Ihrer Geschwindigkeit, Ihrer Kraft und schließlich Ihres Durchhaltevermögens anzuheben. Es sind wesentlich kürzere Formen, und sie sind deshalb leichter zu behalten. Nachdem Sie Ihre Bewegungen durch eine Einübung in Zeitlupe, in halber Geschwindigkeit und in voller Geschwindigkeit vervollkommnet haben, streben Sie ihre größte Wirksamkeit durch eine Ausführung mit voller Kraft an. Sie werden sehen, daß sie Ihr Durchhaltevermögen wesentlich steigern können.

Schnelligkeitsform A

Abb. 1: Kampfstellung; linkes Bein vorne, die Fäuste sind auf halber Höhe.

Abb. 2: Machen Sie einen Ausfallschritt nach vorne, und führen Sie gleichzeitig einen linken hohen Block aus.

Abb. 3: Führen Sie aus derselben Stellung einen rechten geraden Fauststoß aus, und ziehen Sie Ihre andere Faust an die Hüfte.

Abb. 4: Behalten Sie Ihre Stellung mit der rechten Faust vorne bei, und führen Sie einen hohen rechten geraden Fußstoß aus.

Abb. 5: Setzen Sie Ihren rechten Fuß auf den Boden, so daß Sie in die Kampfstellung mit dem linken Bein vorne gelangen.

Schnelligkeitsform B

Abb. 1: Kampfstellung; rechtes Bein vorn, die Fäuste sind auf halber Höhe.

Abb. 2 und 3: Führen Sie aus dieser Stellung zeitgleich einen rechten seitlichen Fußstoß und einen rechten Faustrückenschlag aus.

4

Abb. 4 und 5: Setzen Sie den Fuß, mit dem Sie getreten haben, direkt auf den Boden. Nehmen Sie Ihre rechte Faust quer über die Brust, und führen Sie einen weiteren rechten Faustrückenschlag aus.

Abb. 6: Drehen Sie Ihre Hüften im Uhrzeigersinn, führen Sie einen linken geraden Fauststoß aus, und ziehen Sie Ihre rechte Faust an die Hüfte zurück.

5

6

Schnelligkeitsform C

Abb. 1: Kampfstellung; linkes Bein vorne, die Fäuste sind auf halber Höhe.

Abb. 2: Ziehen Sie Ihren linken Fuß an Ihren rechten heran, und führen Sie einen hohen rechten geraden Fauststoß aus.

Abb. 3 und 4: Lassen Sie Ihre rechte Faust vorne, und führen Sie einen hohen rechten geraden Fußstoß aus.

Abb. 5 und 6: Setzen Sie den Fuß, mit dem Sie getreten haben, direkt auf den Boden, und führen Sie einen linken geraden Fauststoß aus.

Abb. 7 und 8: Führen Sie aus dieser Stellung einen hohen linken geraden Fersenstoß aus.

Abb. 9 und 10: Wenn der Fuß, mit dem Sie getreten haben, den Boden berührt und Sie in die Bogenschützenstellung mit dem linken Bein vorne gelangen, führen Sie einen rechten geraden Fauststoß aus.

3

4

7

8

1

2

5

6

9

10

Schnelligkeitsform D

Abb. 1: Kampfstellung; linkes Bein vorne, die Fäuste sind auf halber Höhe.

Abb. 2 und 3: Machen Sie einen Ausfallschritt nach vorne, und führen Sie gleichzeitig einen linken Faustrückenschlag aus.

Abb. 4 und 5: Drehen Sie Ihren Körper auf Ihrem vorderen Fuß (dem linken in diesem Fall) im Uhrzeigersinn.

Abb. 6 und 7: Nutzen Sie das Drehmoment aus, und vollführen Sie einen Fersendrehschlag mit rechts.

Abb. 8 und 9: Führen Sie den Fersendrehschlag zu Ende, so daß Sie sich in der Kampfstellung mit dem rechten Bein vorne befinden, wenn der Fuß, mit dem Sie getreten haben, den Boden berührt. Lassen Sie sofort einen rechten Faustrückenschlag folgen.

Abb. 10: Drehen Sie Ihre Hüften weiter im Uhrzeigersinn, führen Sie einen linken geraden Faustestoß aus, und ziehen Sie Ihre rechte Faust an die Hüfte.

1

2

5

6

9

10

Einschrittige Sparringtechniken

Sollten die einschrittigen Techniken, die auf den folgenden Seiten gezeigt werden, in einer realen Kampfsituation künstlich erscheinen, so bedenken Sie, daß sie verschiedene Teile Ihres Körpers zu einer „Kampfmaschine" ausbilden sollen. Auf lange Sicht verleihen sie Ihnen mehr Kontrolle über Ihren Gegner. Deshalb sollten sie, wenn Sie die Einzeltechniken beherrschen, immer mit voller Kraft und voller Geschwindigkeit ausgeführt werden.
In diesem Buch werden nur zwei Sparringübungen gezeigt, und zwar in der Hoffnung, daß Sie imstande sind, wenn Sie diese beherrschen, eigene Übungen zu erfinden. Bedenken Sie dabei, daß die Technik ebenso wichtig ist wie Schnelligkeit und Kraft.

TANG SOO DO
NORRIS

Einschrittige Sparringtechnik Nr. 1

Abb. 1: Kampfstellung; rechtes Bein vorne, die Fäuste sind auf halber Höhe.

Abb. 2: Wenn Ihr Gegner einen Ausfallschritt nach vorne macht und mit einem rechten Faustѕtoß zu Ihrem Kopf angreift, setzen Sie schnell ihren rechten Fuß 45° schräg nach vorn. Blocken Sie mit der linken Handkante.

Abb. 3: Kontern Sie dann mit der rechten Handkante zum Nacken des Gegners.

Abb. 4: Führen Sie aus derselben Stellung sofort danach einen linken geraden Fauststoß zur Körpermitte des Gegners aus.

Abb. 5 und 6: Führen Sie einen rechten durchgezogenen Ellbogenstoß zum Kinnbacken des Gegners aus.

Abb. 7: Führen Sie einen Hammerschlag zum Gesicht des Gegners aus, indem Sie die Richtung des vorherigen Ellbogenstoßes umkehren.

Abb. 8: Ziehen Sie den Hammerschlag ganz durch, und lassen Sie in einer fließenden Bewegung einen linken geraden Fauststoß zur Körpermitte des Gegners folgen.

Abb. 9 und 10: Drehen Sie Ihre Hüften in die entgegengesetzte Richtung, und führen Sie einen rechten durchgezogenen Aufwärtshaken aus.

Abb. 11: Kehren Sie die Richtung Ihres Fauststoßes um, und führen Sie einen rechten Ellbogenstoß nach unten zur Kehle oder zum oberen Teil der Brust aus.

Abb. 12: Gehen Sie in die Kampfstellung, linkes Bein vorne, über, indem Sie Ihr rechtes Bein zurücksetzen.

2

3

5

6

8

9

11

12

Einschrittige Sparringtechnik Nr. 2

Abb. 1: Kampfstellung; linkes Bein vorne, die Fäuste sind auf halber Höhe.

Abb. 2 und 3: Wenn Ihr Gegner einen Ausfallschritt nach vorne macht und mit einem rechten Fauststoß zu Ihrem Kopf angreift, setzen Sie Ihren linken Fuß nach links und blocken mit der rechten Handkante.

Abb. 4: Ergreifen Sie mit der Hand, mit der Sie geblockt haben, das rechte Handgelenk des Gegners, drehen Sie Ihre Hüften im Uhrzeigersinn, und führen Sie einen linken geraden Fauststoß zu den Rippen des Gegners aus.

Abb. 5: Ergreifen Sie das rechte Handgelenk des Gegners mit beiden Händen, während Sie Ihr linkes Bein hinter Ihrem rechten kreuzen und so dem Gegner den Rücken zukehren.

Abb. 6: Ziehen Sie den Arm des Gegners über Ihre linke Schulter in einer Art Ellbogenbrechtechnik nach unten, und Ihre linke Hand läßt los.

Abb. 7: Führen Sie einen linken geraden Ellbogenstoß zu den Rippen des Gegners aus, während Sie mit der rechten Hand weiter sein Handgelenk festhalten.

Abb. 8–10: Wenden Sie eine Handgelenkhebeltechnik an, indem Sie das Handgelenk des Gegners nach hinten und nach unten biegen und Ihren linken Fuß 180° gegen den Uhrzeigersinn um Ihren rechten Fuß herum versetzen. Drücken Sie des Gegners Handgelenk so weit nach unten, bis dieser das Gleichgewicht verliert und zu Boden fällt.

Abb. 11: Gehen Sie zuletzt in die Kampfstellung, linkes Bein vorne, über.

2

3

5

6

8

9

11